AFORTVNADAS

El Descubrimiento de las Islas Canarias en la Antigüedad

Afortunadas®
El Descubrimiento de las Islas Canarias en la Antigüedad

Ilustraciones (cubierta e interior)
Roberto F. Perdomo

Coordinación
Laura Rodríguez Jiménez

Diseño
Yurena Cabrera Vera

LeCanarien ediciones
Avda. de Canarias, 12
La Orotava - S/C de Tenerife
www.lecanarienediciones.com
674 813 313

Primera edición
Santa Cruz de Tenerife, diciembre 2024

ISBN: 978-84-19694-79-9
DL: TF 662-2024

AFORTVNADAS

El Descubrimiento de las Islas Canarias en la Antigüedad

ANTONIO TEJERA GASPAR
ALICIA GARCÍA GARCÍA

Con la colaboración de Antonio Bermejo Díaz
y Diego Gaspar Rodríguez

Al Profesor Marcos Martínez Hernández,
maestro y amigo.

ÍNDICE

PRÓLOGO

En este libro hemos pretendido ofrecer una visión de conjunto de cómo pudo haberse producido el descubrimiento de las Islas Canarias en la Antigüedad, toda vez que nos parecía un tema de especial interés para entender cuáles fueron los inicios de la primera Historia de este archipiélago atlántico, ubicado en la costa occidental del continente africano. Pensamos que sin comprender debidamente este hecho, como a ello nos referimos en distintos apartados de este trabajo, no es posible hacerse idea de cómo se produciría más tarde el primer poblamiento humano de estas islas.

Es bien cierto que mucho se ha escrito sobre esta cuestión en artículos y publicaciones y ha sido objeto de interés, asimismo, por muchos investigadores de la Antigüedad africana, pero también de quienes se han interesado por las culturas mediterráneas, vinculadas al mundo fenicio-púnico y romano, con relación a la primera expansión de estas sociedades hacia el Atlántico sur.

La obra tiene como referencia previa ese buen número de estudiosos dedicados a estas cuestiones y, por nuestra parte, hemos de decir que es el resultado de los trabajos realizados por Alicia García García sobre Juba II de Mauritania y de Antonio Tejera en su preocupación por desentrañar el contenido del texto de Plinio el Viejo sobre las *Fortunatae Insulae* (las Islas Afortunadas), tema al que le ha dedicado una serie de estudios de forma individual, e igualmente en colaboración con Alicia García.

Advertimos a los lectores que la complejidad del texto no siempre ha resultado fácil de analizar, hecho que explica, sin duda, las diversas opiniones que sobre él se han expresado, de manera que en muchas ocasiones las diferencias sobre su contenido resultan opuestamente manifiestas. Por ello mismo, no nos ha parecido oportuno tratar de contrastar en detalle nuestras opiniones con las de otros investigadores, pero sobre todo con las de los editores de la obra de Plinio, tratando de desentrañar las claves interpretativas que se ocultan en el texto.

A la postre, pues, será el lector de este pequeño libro en el que vertemos una serie de reflexiones, quien tendrá la última palabra para juzgar nuestras hipótesis, sobre las que pueden decantarse libremente y elegir las que consideren más razonables al contrastarlas con las expuestas por quienes, como nosotros, han procurado entender correctamente lo que Plinio nos dejó escrito sobre la primera Historia de nuestras Islas.

En el libro hemos procurado, siempre que nos ha sido posible, conjugar el rigor científico con otros datos conocidos, manteniendo el carácter divulgativo, con el fin de que lo dicho en nuestro trabajo resulte comprensible a quienes tengan interés en su lectura. El tiempo dirá si hemos podido conseguir algo de lo que nos propusimos cuando decidimos emprender esta tarea.

INTRODUCCIÓN

En el antetítulo de este libro figura la denominación "Afortunadas" que se complementa con el enunciado: "El descubrimiento de las Islas Canarias en la Antigüedad". El término *Afortunadas* aparece ya en la obra del griego Hesíodo, *Los Trabajos y los Días* (s. VIII-VII a.C.), en un contexto alusivo al lugar adonde iban a morar las almas de los hombres valientes, quienes "...viven con un corazón exento de dolores en ***las islas de los Afortunados***, junto al Océano de profundas corrientes héroes felices a los que el campo fértil les produce frutos que germinan tres veces al año, dulces como la miel...". Estas islas a las que hace referencia el texto de Hesíodo[1] forman parte del muy arraigado concepto griego de islas felices, como lugar paradisíaco -el *locus amoenus*-, donde se supone reposaban las almas de sus héroes. Es común, por ello, encontrarlas en distintas obras de la literatura grecorromana, ya se trate de temas mítico-religiosos, o de cualquier otro género literario, hasta que el mito quedaría fijado, por último, con la denominación de Islas *Afortunadas*, con la que también hoy las conocemos.

La asociación con Canarias de las islas que figuran en este mito ha sido una constante, reiteradamente divulgada en la historiografía, y su arraigo ha sido tal que se ha transformado, sin duda, en la más importante de las denominaciones que en el pasado se quisieron vincular con ellas. Esa es la razón por la que, junto a su nombre actual, es común que figure, además, el de *Afortunadas*, término que aparece en una obra teatral del latino Plauto (250-184 a.C.), quien traduce por primera vez el sintagma griego Μακάρων Νήσοι por "fortunatorum insulas", *islas de los Afortunados*, hasta conformar un sobrenombre del que ya no han podido zafarse[2].

---

1 HESÍODO, *Obras y fragmentos: Teogonía. Trabajos y días. Escudo. Fragmentos. Certamen.* Gredos, Madrid, 1997: 167-173.

2 M. MARTÍNEZ HERNÁNDEZ, *Las Islas Canarias de la Antigüedad al Renacimiento. Nuevos aspectos.* Centro de la Cultura Popular Canaria, Santa Cruz de Tenerife, 1996: 205.

Esta adjetivación nada tiene que ver, en realidad, con el origen y el contenido primario del nombre, pero a pesar de todo, ha sobrevivido en una mezcla singular de lo real y lo imaginario, de manera que ha servido, curiosamente, para dar continuidad a los tópicos que, desde siempre, han definido a este Archipiélago, a lo que ha contribuido, además, su clima suave, su apariencia apacible y el aspecto bonancible de sus gentes... Es como si con esta denominación se quisiera sintetizar todos aquellos sitios que en el pasado se asociaron a las tierras fabulosas y a los espacios míticos de las culturas mediterráneas.

Las investigaciones del profesor Marcos Martínez, entre otros, han permitido probar, de manera fehaciente, que esas islas imaginadas o escatológicas, formaban parte de leyendas antiguas de otras culturas del Mediterráneo, hasta que quedaron definitivamente vinculadas a la mitología grecorromana. Es cierto, como veremos, que a la postre esta denominación se asoció con las Islas Canarias cuando finalmente fueron descubiertas por los romanos, pero en ningún caso aquellas pueden relacionarse con espacios reales, o con las diversas alusiones a las distintas islas que figuran en los textos griegos. Y nada tienen que ver, tampoco, con ninguno de los otros archipiélagos atlánticos que se alinean de Norte a Sur: Azores, Madeira y Cabo Verde, a pesar de que también a estas islas se las ha querido hacer partícipes de esa denominación. Sin embargo, las *Afortunadas* quedarían finalmente adscritas a las Islas Canarias, en donde el nombre ha pervivido con un fuerte arraigo, y no solo por el uso indiscriminado que de este mito se ha hecho con relación a nuestro archipiélago, sino por la propia denominación, como hemos dicho, que los romanos le atribuyeron -como estudiaremos a lo largo del libro-, en una serie de cuestiones que contiene el texto de Plinio el Viejo. De este informe destacamos su importancia como documento histórico sobre el **Descubrimiento** de estas Islas, hecho que pensamos tuvo lugar hacia el último tercio del siglo I a.C., pues en el primer cuarto del I d.C. (en época de los emperadores Augusto y Tiberio), ya figura el nombre de las siete islas mayores que forman parte de este archipiélago atlántico. Asimismo, pondremos de manifiesto que la referencia a la isla *Ombrios*, como han estudiado A. Díaz Tejera y A. García García, no es otra cosa que uno de los espacios míticos existentes en este mar, y que si se obvia de los párrafos plinianos como isla real -y no mítica, como la consideramos-, el resto puede ser analizado con iguales criterios con los que se estudia cualquier otra fuente documental de carácter histórico.

En el libro analizamos, además, el origen de los nombres *Canaria* y *Capraria* por tratarse de dos denominaciones siempre discutidas, debido a su dudosa etimología. El primero, relacionado con la tribu del Atlas norteafricano, los *Canarii*, y el segundo, *Capraria*, podría haber tenido un origen similar, vinculado con la etnia de los *Caprarienses* en el Atlas argelino. En estos y otros muchos problemas de similar contenido, trataremos de exponer nuestras reflexiones sobre un tema que consideramos esencial para entender la fase más antigua de la Historia del Archipiélago, con las que confiamos contribuir a una larga discusión científica que aún plantea muchos problemas para su correcta comprensión.

CAPÍTULO I

EL ATLÁNTICO AFRICANO EN LA ANTIGÜEDAD

I.1. El *Finis Terrae* del mundo conocido

Una de las cuestiones que ha sido, sin duda, muy debatida acerca de las Islas Canarias en la Antigüedad, es la de su descubrimiento y, por extensión, todo lo que con posterioridad se ha vinculado con el poblamiento humano, ya que sin aquel acontecimiento no se podría explicar este otro, al ser inevitable que cualquier referencia al texto de Plinio se asocie siempre con el tan debatido problema de los primeros asentamientos humanos en este archipiélago, con el fin de encontrar en él alguna evidencia, por pequeña que sea, para saber si las islas estaban ya habitadas cuando Estacio Seboso y, más tarde, Juba II de Mauritania, realizan una expedición de reconocimiento a estas tierras extremas de ultramar, que durante el Imperio romano serían el *Finis Terrae* del mundo conocido por Occidente; e incluso mandadas a poblar por este último.

Esta hipótesis ya la propuso J. Álvarez, al defender que las Islas pudieron haber sido pobladas por la deportación de etnias africanas traídas a Canarias en una fecha que se fijaría en el tránsito del cambio de Era, como ya había conjeturado, desde una época bien temprana, a fines del siglo XVI, el cronista-historiador e ingeniero italiano de origen cremonés, Leonardo Torriani[3], cuando decía "...que estas islas [...] **las volvió a descubrir Juba y las pobló con númidas**".

El conocimiento y la consiguiente exploración que las antiguas culturas mediterráneas poseyeron de las costas atlánticas del occidente norteafricano, está estrechamente ligado a la etapa más antigua de la Historia de Canarias, sin la que no es posible entenderla debidamente, aunque su descubrimiento haya sido, posiblemente, uno de los hechos históricos peor conocidos durante el mundo antiguo. Esto se ha debido, entre otras razones, a la dificultad de su navegación por las aguas y las costas que se hallaban más al sur de los is-

---

[3] L. TORRIANI, *Descripción e historia del reino de las Islas Canarias.* Introducción y Notas por Alejandro Cioranescu. Goya Ediciones, Santa Cruz de Tenerife. Capítulo IV: «Quiénes fueron los primeros habitantes de estas islas», ([1597]/1978): 20.

lotes marroquíes de Mogador (Essauira), a pesar de los intentos que durante siglos debieron de haberse realizado en este entorno.

Y aunque se trata de una cuestión que desde hace mucho tiempo ha sido estudiada de forma recurrente, existe una fecha, vinculada, además, con un autor de referencia, a partir de la que el enfoque de su análisis ha ido cambiando, lo que nos ha permitido replantear este problema -ya tratado con largueza en la historiografía canaria desde las centurias precedentes, pero sobre todo en las últimas décadas del siglo XX-. El autor al que aludimos no es otro que el Profesor Juan Álvarez Delgado y el trabajo que marca ese hito imprescindible es *Las Islas Afortunadas en Plinio*[4], dado a conocer en el año 1945 en la Revista de Historia Canaria, en el que nos habla de las Islas Canarias en la Antigüedad. A partir de este análisis pionero, han proliferado una serie de estudios de otros tantos investigadores que nos han ayudado a entender el problema con una perspectiva bien distinta a como había sido concebido hasta esas fechas. Los diferentes análisis filológicos, históricos e, incluso, los de carácter arqueológico, aunque en esta cuestión solo de manera tangencial, han contribuido a entenderlo de forma muy diferente.

El punto de partida de nuestro trabajo tiene como referencia el citado estudio de Álvarez Delgado que hemos tomado como base para el análisis del texto latino de Plinio que analizaremos detenidamente, por considerarlo un pilar imprescindible del que han partido buen número de las exégesis posteriores hechas sobre su contenido. Hemos procurado enriquecer, en lo posible, algunos hechos muy precisos, con el fin de ampliar el campo de su estudio, teniendo presente algunas sugerencias que se han vertido en publicaciones recientes, aportadas por una pléyade de investigadores, así como nuestras propias conclusiones, de modo que para comprender debidamente lo que en él se dice, parece necesario no perder de vista ninguna de las muchas propuestas con las que se ha analizado el texto pliniano acerca de las Islas Canarias/Afortunadas (*Fortunatae Insulae*), denominación con la que figura en los parágrafos 202-205 del libro VI de la Historia Natural (*Naturalis Historia*) de Plinio el Viejo (*Gaius Plinius Secundus*), nacido el año 23 del siglo I d.C. durante el mandato del emperador Tiberio.

En el libro VI, uno de los treinta y seis que componen la obra citada, figuran los párrafos en donde se habla de las *Fortunatae Insulae*, y en los que encontramos, aunque solo sea de forma sucinta, es cierto, lo que podríamos denominar la *carta de nacimiento* de este archipiélago, donde aparece

4 J. ÁLVAREZ DELGADO, "Las Islas Afortunadas en Plinio". *Revista de Historia*, 69 (1945): 26-61.

el nombre de las islas, así como algunos rasgos descriptivos de su geografía, de gran valor, sin duda, por tratarse de la primera vez en la que podemos reconocer, aunque no exento de dificultades, también, ciertos aspectos con los que identificar algunas de ellas con bastante precisión.

La diferencia de lo contenido en este texto con otros anteriores, es que en él aparece determinada la situación geográfica de las islas, respecto de Cádiz y de Mogador, así como las distancias de los puertos de salida de ambos lugares, la manera de llegar a ellas, pero sobre todo, la referencia a los primeros rasgos descriptivos que nos permite reconocer, con relativa precisión, algunos de ellos.

Nos encontramos, pues, ante islas reales ya muy alejadas de los resabios míticos del pasado, aunque algunos permanecen inevitablemente confundidos con ellas.

A partir del texto citado, cabe decir que las islas atlánticas han pasado del mito y la ficción a un hecho real que puede comprobarse en la obra de Plinio el Viejo (s. I d.C.), en el citado libro 6.37.202-205; posteriormente en la obra de Claudio Ptolomeo (s. II d.C.), la *Guía de Geografía*, 4.6.14; en Cayo Julio Solino (s. III d.C.), *Collectanea rerum memorabilium*, 56.7; en la de Marciano Capela (s. V d.C.), *Bodas de Mercurio* y la *Filología*, 6.702, y posiblemente en la *Cosmografía*, 5.33-34, del llamado "Geógrafo de Rávena" (ca. 800 d.C.).

La información sobre estas islas, según confesión de Plinio en su *Historia Natural*, proviene de una historia sobre *Africa*[5] (*Libyca*), escrita por el rey mauritano Juba II, hoy perdida, en la que se relata la exploración a unas islas del Atlántico, ubicadas al occidente de la costa africana, que debió de llevarse a cabo entre los años 25 a.C. y 23 d.C., periodo que se corresponde con el mandato y posterior muerte de este rey, de origen bereber, que había nacido en la provincia africana de la *Mauretania Cesariense*[6]. La fecha de su

[5] Cuando el nombre *Africa* aparece escrito sin tilde se refiere a la denominación de origen latino con la que los romanos conocieron el continente, mientras que si figura con ella se alude al que se le conoce en español.

[6] Mauretania es la denominación con la que en el mundo romano se denominó al espacio que vendría a coincidir, aproximadamente, con el del histórico reino de Marruecos hasta el territorio contiguo, anteriormente conocido como Numidia, y que equivaldría más o menos a la histórica Argelia, llamada *Mauretania Cæsariensis* «a partir de la conquista en época del emperador Claudio» (Gozalbes 2013: 60). Se la denominó así por la importante ciudad de Cæsarea en el norte de la actual Argelia, pasando a distinguirse aquella primera Mauretania de esta segunda, mediante el apelativo de *Tingitana*, adjetivo formado a partir de la importante ciudad de Tingi, hoy Tánger (Marruecos).

muerte, el 23 d.C., coincide con la del nacimiento del naturalista latino, quien debió de haber terminado su magna obra en torno al 78 d.C., un año antes de su muerte en la ciudad de Pompeya, en la región italiana de la Campania, el 24 de octubre del 79 -aunque tradicionalmente fijado el 24 de agosto-, en época del emperador Vespasiano, según las últimas investigaciones sobre la destrucción de la ciudad[7].

Quizá lo más singular del conocimiento de estas islas en época romana, es que a partir de Ptolomeo, en el s. II d.C., el Archipiélago ya figuraría como uno de los cuatro puntos que en la Antigüedad servían para fijar el final del mundo por el occidente atlántico, como sucedería más tarde, en época de Arnobio (s. IV). En este momento se alude a ellas para marcar uno de los cuatro puntos cardinales del orbe entonces conocido, que se había extendido mucho más allá de las Columnas de Hércules, ya que solo habían sido consideradas islas míticas, con la denominación de *Afortunadas*, o de los *Bienaventurados*, y desde ahora, islas reales que podían ubicarse en el Atlántico, fijando de esta manera el nuevo *finis terrae* por Occidente.

La obra de Plinio debió de haberse redactado, como decimos, en el último tercio del siglo I de la Era[8], y en ella, siguiendo las sugerencias expresadas en su día por Álvarez Delgado, resulta posible observar la precisión geográfica e incluso descriptiva con la que en el denominado texto de *Plinio-Juba*, como a él gustaba referirse, alude a la ubicación de las *Afortunadas*-Canarias, la distancia en millas desde los puertos de Cádiz y Mogador, así como el modo de navegar hacia ellas, datos todos muy definidos que nos ayudan a entender cómo desde el mar se podían avistar con seguridad.

Pensamos, por ello, que los parágrafos de Plinio, a pesar de su poca extensión, y de ser considerados, en ocasiones, por muchos estudiosos como un texto confuso, es un documento de gran valor histórico, a excepción de las líneas cuya realidad aún se discute, dedicadas a la isla *Ombrios*, nombre que en muchas ocasiones aparece citado como *Ombrion*, tal como figura en el texto original. La forma "*Ombrion*" del informe pliniano, sin embargo, ha generado confusión con el término griego originario, que es *Ombrios*, en nominativo,

---

[7] Plinio, imbuido por su fuerte curiosidad científica, contemplaba a distancia los fatídicos episodios eruptivos del volcán Vesubio, según la narración que conocemos de estos hechos, relatados por su sobrino Plinio el Joven, en las cartas que le escribió al emperador Marco Ulpio Trajano (53 d.C.–117 d.C.).

[8] Algunas de las ideas que recogemos en el libro tienen como precedente los textos publicados por Alicia García García y Antonio Tejera Gaspar que figuran de manera separada por cada autor y también, de forma conjunta, en la bibliografía general.

y no *Ombrion* en acusativo, lo que ha producido este error muy común en la historiografía. El resto del contenido del fragmento pliniano, sin embargo, no parece plantear ningún problema, a nuestro entender, para considerarlo un documento de gran valor histórico, bien alejado, por cierto, de la opinión de quienes lo han rechazado por creerlo propio de la denominada literatura paradoxográfica, donde se mezclarían referencias geográficas más o menos precisas, entreveradas de alusiones a islas míticas o legendarias, antes que a una geografía real. Hoy, sin embargo, estas informaciones pueden ser mejor explicadas con la ayuda de otros criterios históricos y filológicos que han sido esenciales para el avance del conocimiento sobre estas cuestiones. La presencia aquí de la isla *Ombrios* que, como veremos, se ha incluido entre las míticas o fabuladas, resulta de mucho interés porque el propio Plinio en los párrafos anteriores a las que considera islas reales, se refiere a estas otras, mientras que, por el contrario, en los párrafos siguientes incluye las *Afortunadas* -las Islas Canarias-, como verdaderas, y sobre las que volveremos más adelante.

En contra de lo que pudiera creerse, el intento por conocer en la Antigüedad las costas del Atlántico africano, la exploración de estos otros mares no siempre fue de interés para los pueblos que vivían en las orillas del Mediterráneo, por lo que se puede decir, sin temor a equivocarnos, que quienes, como los griegos, habitaban y se hallaban asentados en sus riberas y alrededores -por donde habían navegado desde hacía muchos siglos-, no sintieron una especial atracción por él, quizá por los peligros que entrañaba, o por otras circunstancias que nos resultan ignoradas. Ello a pesar de que sus costas estaban también llenas de riesgos y, a lo largo de los siglos, lo consideraron su mar, sin duda, muy familiar, como de forma gráfica lo expresó Platón por boca de Sócrates en el Diálogo *Fedón* (109 a-b): "Nosotros los que poblamos esta parte de la tierra que se extiende desde el Fasis [actual río Rioni, en Georgia] hasta las columnas de Hércules, **vivimos en las orillas de este mar como las hormigas o las ranas en torno a un charco**".

Con permiso del filósofo, hemos querido hacer uso de esta bien conocida metáfora al considerarla muy apropiada para entender que lo existente en el *mar Exterior* -más allá de las columnas-, quedaría solo para enriquecer sus mitos y leyendas, pero nunca les cautivó, en cambio, para explotarlas. A pesar de ello, se asentaron alrededor de lo que consideraban un mar tranquilo, aunque no siempre hiciera honor a esa apreciación, porque también estaba lleno de recovecos y de sorpresas inesperadas, que habían ido conociendo al frecuentarlo durante siglos. Quizá por eso mismo no estarían dispuestos a correr riesgos ni aventuras inútiles por las costas de esos otros mares abiertos que, a la postre, las imaginarían estériles, pero sobre todo peligrosas, distantes y muy diferentes a las de su *mar Interior*, por lo que muy poco pareció importarles.

No en vano, y por eso mismo, los romanos lo bautizaron como "*mare Nostrum*" para diferenciarlo de aquel otro al que nombraron *mar Exterior* y sobre el que se contaban numerosas historias llenas de peligros y dificultades para navegar por él. Mientras tanto, se conformaban con el suyo, que era igualmente de dimensiones considerablemente grandes y en el que podían encontrar todo lo que les fuera menester, sin necesidad de introducirse en mundos ignotos, sin saber lo que les esperaba más allá de aquello que, desde muy antiguo, denominaron las columnas de *Heracles* (*Hércules*) –el estrecho de Gibraltar- donde desde tiempo inmemorial habían establecido las fronteras del mundo conocido y por donde durante mucho tiempo se pensaba que no sería posible andar.

Se le atribuye a los fenicios, como ha sido bien contrastado por la investigación histórica y arqueológica, el conocimiento de la ribera atlántica norteafricana, donde realizaron las primeras exploraciones por hallarse muy vinculadas a su temprana presencia en la ciudad de Cartago, en Túnez, cuyo asentamiento se fecha entre fines del siglo IX a.C., o quizá en los inicios del VIII a.C. Hasta donde sabemos, sus exploraciones y posteriores fundaciones en la costa mediterránea serían los precedentes de los viajes que más tarde iniciaron por el Atlántico, siempre en busca de los productos con los que durante siglos comerciaron con otros lugares, bien conocidos, de Europa y el Próximo Oriente, que se hallaban habitados desde hacía muchas centurias. No es esta la ocasión, sin embargo, para referirnos a una historia suficientemente estudiada y que contrasta, sobremanera, con lo acontecido en el Atlántico que, por el contrario, comenzarán a conocer después de las fechas citadas. Y como quiera que la expansión por este océano ha sido bien explorada arqueológicamente en el último siglo, tampoco será objeto de análisis por nuestra parte, aunque llegado el caso no dejaremos de hacer las oportunas referencias, pues los hechos históricos siempre se hallan estrechamente ligados entre sí.

En esta ocasión, no obstante, aludiremos a dos perspectivas de estudio que nos parecen muy relevantes para tenerlas en consideración sobre las cuestiones que tratamos en este libro. Una es de carácter histórico, y geográfico la otra. En cuanto a la primera, conviene tener presente uno de los viajes exploratorios, bien conocido desde la Antigüedad, que ha sido divulgado con el nombre de *Periplo de Hanón* (s. VII a.C), gesta atribuida a un general cartaginés, de quien recibió su nombre. La investigación histórica no ha dejado de plantear un sinfín de hipótesis sobre este periplo y su interpretación ha generado, asimismo, una discusión duradera que no parece tener visos de ser seriamente aceptada. Por otro lado, el problema geográfico está vinculado a las características de la costa africana, como también a las aguas y a los fenómenos atmosféricos propios de este gran mar.

Es verdad que en la Antigüedad la exploración del *mar Exterior* o mar Atlántico, estaba lleno de referencias, en apariencia confusas, donde se mezclan las alusiones míticas en torno a un mar que fue secularmente desconocido, hasta que ya bien avanzado el primer milenio de la Era comenzó a ser explorado. Sin embargo, el periplo citado es, a nuestro juicio, el que mejor define la fusión de la denominada literatura fantástica o imaginada con la geografía real, ya que unas veces se ha clasificado de relato mítico y, otras muchas, las más, como un derrotero que contiene, según un buen número de analistas, una descripción precisa y detallada del litoral africano que alcanzaría hasta las costas del golfo de Guinea. Este no es tampoco el lugar para entrar en esa discusión sobre la que uno de nosotros ha publicado un trabajo con Esther Chávez Álvarez[9], donde defendemos que esta exploración del Atlántico africano es, a nuestro parecer, bastante precisa y fiable, al menos desde los parágrafos 1 al 8, en los que se incluyen los islotes marroquíes de Mogador -en Essauira-, bien conocidos a través de una serie de estudios arqueológicos allí realizados desde la década de los años cincuenta del siglo pasado, debido a la existencia, igualmente bien contrastada, de una ocupación temporal de los fenicios. Se trata de un sitio vinculado a la denominada isla de *Cerne*, que formaría parte de este pequeño archipiélago, según los estudios de M. Kbiri Alaoui y Fernando López Pardo[10], quienes asociaron el origen de su nombre a una palabra de etimología griega, *Kerne* -con el significado de cuerno-, ya que su forma se asemeja, en efecto, a la del islote de mayores dimensiones, cuyas características referidas en el texto se hallan, a nuestro juicio, muy bien definidas, complementando, asimismo, lo aportado por las evidencias arqueológicas de origen semita que fueron fechadas desde mediados del siglo VII (650 a.C.), a la mitad de la centuria siguiente (s. VI, 550 a.C.). Estos estudios serían igualmente confirmados por los trabajos que más tarde fueron coordinados por la Dra. Dirce Marzoli[11], directora del Instituto Arqueológico

---

9 A. TEJERA GASPAR, E. CHÁVEZ ÁLVAREZ, 2009: 395-406.

10 F. LÓPEZ PARDO y M. KBIRI ALAOUI, "La factoría fenicia de Mogador (Essaouira, Marruecos), las cerámicas pintadas". *Archivo español de arqueología*, Vol. 71, nº 177-178, 1998: 5-26.

11 D. MARZOLI, "Mogador (Essaouira), Marokko. Ein phönizischer Außenposten an der marokkanischen Atlantikküste. Die Arbeiten der Jahre bis 2018". DAI. publications. Elektronische Publikationen des Deutschen Archäologischen Instituts, 2018.

Alemán de Madrid, ratificándose así los realizados con anterioridad, y permitiendo, además, que se pudiera verificar su asociación con las conocidas *Islas Purpurarias*, citadas en el parágrafo 200 de la *Naturalis Historia*, de Plinio el Viejo, cundo se dice "...que unas pocas, descubiertas por Juba, están en el meridiano de los autóloles, en las cuales había establecido **factorías para teñir la púrpura getúlica**"[12].

Señala H. Treidler[13] que quizá se trate de las islas de Mogador[14] y que hay constancia de un asentamiento temporal fundado por los fenicios, posteriormente abandonado, y recuperado más tarde por Juba II para manufacturar los abundantes moluscos, productores de una púrpura muy apreciada que se recogía en las orillas *gétulas* del Océano Atlántico, como testimonia Pomponio Mela[15], y de lo que Plinio se hace eco en la frase citada más arriba. Allí se nos señala que el posible motivo de este descubrimiento por Juba II tuvo una evidente finalidad comercial, ya que el valor de esta púrpura gozaba de gran estima en el mundo antiguo.

La tan preciada mercancía se exportaba a Roma, donde fue exaltada por poetas como Horacio, *Carm.* 2. 181-182 (12 a.C.) y, años más tarde, por Ovidio[16]. El interés de Juba II por la industria de la púrpura radicaba en el aprecio mostrado por los ciudadanos romanos de poseer vestidos teñidos con esta sustancia, como así queda de manifiesto en el color que caracteriza la *toga praetexta*, la clámide, el *pallium purpureum*, el *laticlavium*, etc., por lo que se consideraba un artículo de lujo en los más selectos mercados. En Roma eran cuatro las variedades más apreciadas de púrpura: la de Tiro (Fenicia), la de Laconia, la de la isla Meninx y la Getúlica[17]. Este último tipo nos interesa, pues Claudio Ptolomeo sitúa las *Islas Purpurarias* de Juba frente a la etnia

---

12 V. BEJARANO, *Hispania Antigua según Pomponio Mela, Plinio el Viejo y Claudio Ptolomeo.* Barcelona, 1987:135.

13 H. TREIDLER, "Purpurariae Insulae", en *R.E.*, T. XXII, 1959, cols. 2020-2028.

14 El archipiélago de Mogador está formado por una isla central, denominada actualmente Mogador; un islote situado hacia el norte, Firaoun, y otros dos más pequeños, ubicados al suroeste de la isla mayor. Estas pequeñas islas se unen entre sí por medio de un arrecife y una manga de tierra que las liga al continente, formando una bahía protegida, denominada Ensenada de Wadi Ksob.

15 POMPONIO MELA 3. 104: "La púrpura gétula compite con la prestigiosa púrpura fenicia".

16 OVIDIO, *Fast.*, 2, 319: "...dat tenues tunicas Gaetulo murice tinctas..." ("da unas túnicas transparentes teñidas de múrice gétulo...").

17 ST. GSELL, *Histoire ancienne de l'Áfrique du Nord.* T. I., Osnabruck, 1972: 523, n. 1; T. IV: 212 y 250; T. VIII: 233-234. Plinio (Plin. *Nat.* 9. 127) recoge la organización territorial de la producción en época de los Flavios (69-96) y habla de Tiro, en Oriente; Laconia, en Europa; la isla Méninx, en el Norte de África y la costa gétula del Océano Atlántico. A pesar de esta

de los *autóloles*, ubicados más al sur de la *Getulia* superior o romana, en una región de la costa atlántica, situada geográficamente en la latitud de las islas Canarias o *Afortunadas*[18].

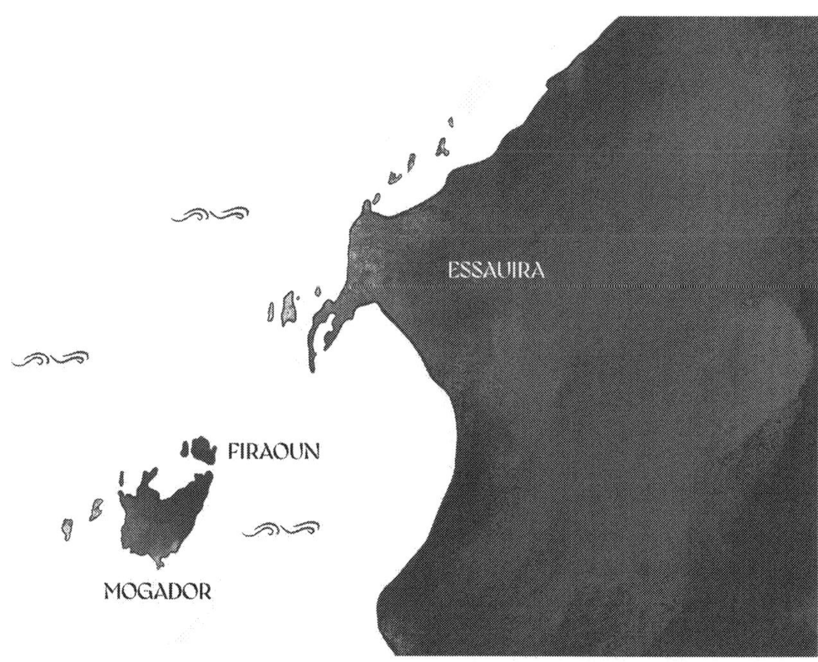

Isla de Mogador, frente a Essauira.

productiva actividad comercial, desde el siglo II la púrpura gétula deja de aparecer en las fuentes literarias.

[18] Según J. DESANGES (1962) eran un pueblo de *Getulia* muy poderoso, establecido en la provincia de Tingitana, según Plin. *Nat.* 5. 17, quien los llamó *Autololes* o *Autoteles* según los manuscritos. En el siglo II d.C., Ptolomeo (*Geog.* 4.6.6, ed. C. MÜLLER: 744) menciona a los *Autolatae* como un pueblo menor ubicado en la costa oceánica al sur de Getulia y fuera de la provincia romana. Por otro lado (*Geog.* 4.6.7 719), menciona a *Autolatae* o *Autolalae* como la primera ciudad costera fuera de dicha provincia. Finalmente (*Geog.* 4.6.14: 753), sitúa la isla de Hera frente a las *Autolalae,* aunque no se sabe nada de esta isla. Todos estos textos son muy imprecisos y a veces difíciles de conciliar. Sugieren que si los *autóleos* fueron originalmente una población muy grande, cayeron en decadencia a más tardar en la época de Trajano. Cf. J. DESANGES, *Catalogue des tribus africaines de L'Antiquité Classique à l'Ouest du Nil.* Dakar, 1990: "*Autolatae / Autololes / Autoteles*".

Sobre la localización propuesta para estas Islas Purpurarias, contamos con la esbozada en 1926 por A. Schulten, quien, junto con otros autores, consideraban que se trataba de las Islas de Madeira y Porto Santo, ubicaciones que resultan hoy poco sostenibles por no hallarse situadas *frente a los autóloles*, como bien señala Plinio.

La segunda de las teorías ha contado con múltiples adeptos, entre ellos P. Barker-Webb y S. Berthelot ([1835]/2023), G. Chil y Naranjo (1880), J. Álvarez Delgado (1945), A. Díaz Tejera[19] (1988), entre otros. Este grupo de autores piensa que se trata de Lanzarote y Fuerteventura, pues consideraban que la expedición de Juba debió de partir de las Canarias orientales, confundiendo, a nuestro juicio, datos e informaciones del complejo informe pliniano.

Por último aparece la localización, la más aceptada en la actualidad, que parte de los trabajos de Vidal de la Blache[20], el primero en identificar Mogador con las Purpurarias, seguido por J. Desjacques y P. Koeberlé[21], y en especial A. Jodin (1967), como consecuencia de sus excavaciones, confirmando que son, en efecto, los islotes situados frente a Mogador. Se suman a la opinión de este conjunto de autores F. López Pardo[22], quien se basó en rigurosos análisis de los textos clásicos y en evidencias arqueológicas para determinar que las Purpurarias no serían otra cosa que el pequeño archipiélago de Mogador, idea secundada, asimismo, por E. Gozalbes Cravioto[23].

Las excavaciones realizadas han revelado restos de explotación de la púrpura (*Pur. Haemastoma*)[24], de la cual se extienden colonias en enormes cantidades sobre la costa hasta el río Sus (Agadir). La presencia de montones de conchas de esta púrpura y de *Murex Trunculus* (la púrpura de Plinio en la desembocadura del río Massa), prueba una floreciente y activa industria[25]. Puede

---

19 A. DÍAZ TEJERA, "Las Canarias en la Antigüedad". *Canarias y América*, Ed. Morales Padrón, Sevilla, 1988: 15-16.

20 V. DE LA BLACHE, 1903: 325-329.

21 J. DESJACQUES y P. KOEBERLÉ, "Mogador et les îles Purpuraires". *Hespéris*, 42 (1955): 193-202.

22 F. LÓPEZ PARDO, *Mauritania Tingitana: de mercado colonial púnico a provincia periférica romana*. Madrid, 1987: 192-198.

23 E. GOZALBES CRAVIOTO, "Las islas atlánticas de la púrpura (Plinio, NH. VI, 201). Un estado de la cuestión". *Anuario de Estudios Atlánticos*, 53 (2007): 273-296.

24 PLIN. *Nat.* 9. 1-2.

25 J. GATTEFOSSÉ, "La pourpre gétule". *Hespéris*, XLIV, 1957: 329-334, presenta la hipótesis de que la púrpura *gétula* podía haber sido fabricada, al menos en parte, a partir de un liquen, la orchilla de mar (*Rocaella tinctoria*), abundante en los farallones marítimos calcáreos que van desde la desembocadura del Oum er Rebia hasta Agadir, e incluso en la misma isla de Mogador.

Púrpura Haemastoma.

señalarse que durante el reinado de Juba II, este enclave gozó de uno de los momentos más importantes de su actividad económica, como lo demuestran los descubrimientos de varias monedas, fragmentos de cerámica campaniense, correspondientes al reinado del mauritano[26], dos denarios de plata del año 43 de su mandato (18-19 d.C.), así como de otras piezas que señalan la existencia de un comercio durante el Imperio Romano. Estos vestigios se ven corroborados, además, por la excavación en 1957 de una *villa* mauritana de grandes dimensiones, igualmente fechable en época de Juba II. Para la instalación de las fábricas de púrpura en estos lugares y de todo el conjunto de edificios necesarios, Juba II trabajó con ingenieros y albañiles reclutados en su reino, especialmente de las latitudes más altas, y más concretamente de *Lixus*, de tal forma que cuando construyen, lo hacen según la costumbre de su país. Es por ello que se levantan murallas protectoras y se edifica una auténtica villa romana de más de cien metros de largo, situada cerca del pequeño acantilado que domina la playa sureste de Mogador, donde se extiende la mayor parte de los edificios mauritanos y romanos, algunos de los cuales datan de época de Juba II; otros son más antiguos pero acondicionados y reutilizados en ese momento, ya que el edificio, el mobiliario, la cerámica, las monedas, etc., confirmaron de forma irrefutable, asimismo, la cronología de una fundación en época augustea y la de su protegido el rey mauritano[27].

A partir de los estudios de Gozalbes Cravioto y López Pardo, entre otros, podemos concluir que el establecimiento de las Islas Purpurarias fue una iniciativa de Juba II y, probablemente, se trató de una empresa, de carácter estatal, del propio rey. Este hecho debe ponerse en relación con otras muchas citas que existen, a partir de la época de Alejandro Severo, sobre la existencia en Italia de fábricas imperiales de púrpura que se constituyeron como un auténtico monopolio[28]. Las monedas de lugares como Carteia, Tingi, Gades,

Para completar la aproximación a la púrpura, véanse los estudios de N. BAÑARES BAUDET, "Tintes naturales. Experiencias con plantas canarias". *Cuadernos Prácticos de Artesanía,* II (1993), FEDAC- Cabildo de Gran Canaria, Gran Canaria; A. DEDEKIND, "Sur la fausse pourpre des anciens", *Archives de Zoologie Expérimentale* VI (1898): 70-78; P. FERNÁNDEZ URIEL, "Reflexiones sobre la industria de la púrpura y su papel en la economía del Mundo Antiguo", *Estudis D´història Econòmica,* Islas Baleares, 1993/1: 75-89; A. TEJERA GASPAR, "Los dragos de Cádiz y la *falsa púrpura* de los fenicios", *Estudios orientales,* nº 5-6 (2001-2002): 369-375.

[26] Señala A. JODIN, *Les établissements du roi Juba II aux îles Purpuraires [Mogador],* Tanger, 1967: 21, que el final del reinado de Juba II (23 d.C.), coincide con el declive de la producción de Arezzo, que ocurre en torno al 30 d.C. Bajo el mandato de su hijo Ptolomeo (23-40 d.C.) cobra relevancia la cerámica sigillata romana.

[27] Cf. A. JODIN, *ob. cit:* 13.

[28] E. GOZALBES CRAVIOTO, 2007, *art. cit.*: 21, nota 71.

Lixus..., atestiguan la relación comercial de Gades en el comercio de la púrpura *gétula* y permiten sostener que la explotación de la industria local del mar, púrpura y salazones, se prolongó hasta, al menos, el final de la época de los Flavios.

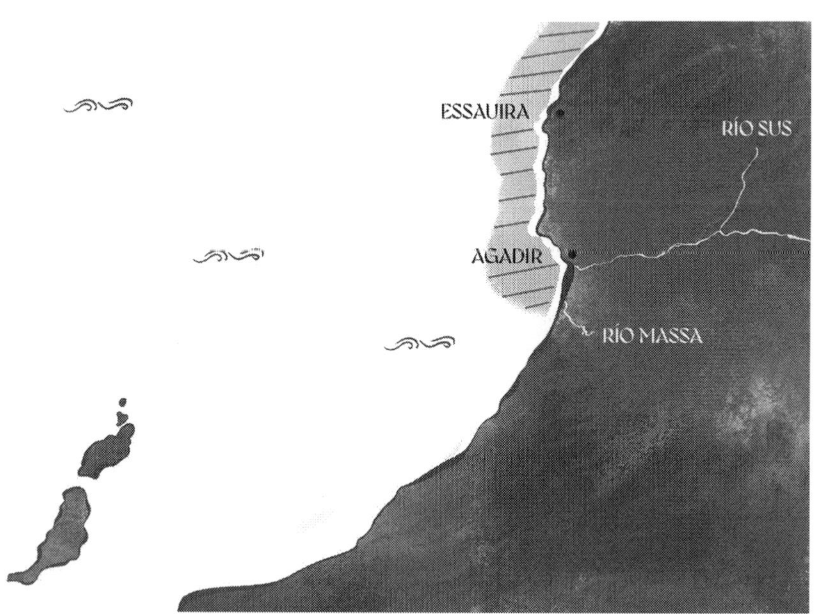

Zona de explotación de púrpura en la costa occidental africana.

En lo que respecta al término *repertas*, de la expresión: *paucas modo constat esse ex adverso Autololum a Iuba repertas* ("sólo hay constancia de que se encuentran unas pocas frente a los autóloles, descubiertas por Juba"), nos gustaría destacar el uso de este término en el informe pliniano, pues, como señala E. Gozalbes Cravioto, se deduce del texto que las Purpurarias eran islas de la Mauretania, con una posición geográfica inmediata a la costa marroquí del Atlántico y, por ello, le llama la atención el uso de la expresión pliniana acerca de que estas islas de la Púrpura habían sido "descubiertas" (*repertas*) por parte de Juba. Considera Cravioto que esto podría explicarse, en primer lugar, por el sentimiento del propio rey, deseoso de magnificar sus logros y, en segundo lugar, por el hecho de que, quizás, en el momento en el que Juba II ordenó la exploración de los islotes, los límites meridionales de la Mauretania occidental, en el sentido político, estaban aún por determinar.

Concluye con que más allá de la "tierra de los moros" se hallaba la *Gaetulia*, la tierra de los *gétulos*, y con su exploración, Juba II extendió sus dominios en dichas latitudes, ordenando la exploración de estos islotes con el fin de aprovechar las posibilidades económicas. En este sentido, la utilización del vocablo *repertas* indica que eran desconocidas en ese momento, en cuanto que se hallaban más allá de los territorios de dominio del reino mauretano[29].

La explotación de la púrpura en estas islas cayó en desuso, aproximadamente, a partir del siglo II y, por ejemplo, Solino (Sol. 56, 11-12), autor que siguió muy directamente los textos de Plinio, sí menciona la exploración de Juba de las *Fortunatae* y, sin embargo, omite la existencia de las Purpurarias: *Fortunatas insulaes certe contra laevam Mauretaniae accepimus iacere, quas Iuba sub meridie quidem sitas, sed proximas occasui dicit. De harem nominibus expectari magnum non minor; sed infla famam vocabuli res est* ("Sabemos por tradición que las islas Afortunadas se encuentran efectivamente frente a la orilla izquierda de Mauretania, de las que Juba dice que están situadas, sin duda, bajo el mediodía pero cercanas al ocaso. No me extraña que a partir de sus nombres se espere algo grande, no menor, pero la realidad es menor a la fama de su nombre").

A diferencia de las Islas *Afortunada*s, cuya presencia está bien atestiguada en las fuentes grecolatinas hasta bien entrada la Edad Media, las *Purpurariae insulae* desaparecieron muy pronto de la literatura, de tal forma que no son mencionadas por Estrabón, ni por Pomponio Mela[30], ni siquiera por el propio Plinio en la descripción de Tingitana, y tampoco por Claudio Ptolomeo en su *Cosmographia.*

---

[29] E. GOZALBES CRAVIOTO, 2007, *art. cit.*: 274.

[30] Mart. Cap., *De Nup. Merc.* 6. 702: *Fortunatas autem insulaes in laeva Mauretaniae constitutas inter Meridiem occasumque non dubium est* ('Sin embargo no hay duda de que las islas Afortunadas están situadas a la izquierda de Mauretania, entre el mediodía y el ocaso/el sur y occidente").

I.2. Juba II, rey de Mauritania

Hemos querido hacer un apartado específico para referirnos a Juba[31] II de Mauritania, con el fin de que los lectores puedan comprender debidamente la importancia de este personaje en los acontecimientos relacionados con el conocimiento de las Islas Canarias en la Antigüedad.

Sabemos que vino al mundo en el año 52 a.C., en el seno de la familia real, al ser hijo de Juba I, rey de la Numidia, cuyo linaje remontaba a personajes muy representativos que conocemos en el contexto de las relaciones romano-africanas, como *Massinissa, Micipsa, Iugurtha* o *Hiempsal* II[32]. Su infancia se vio interrumpida muy pronto, a consecuencia de la intervención de su padre en la contienda militar entre César y Pompeyo, cuando la guerra civil cambió el escenario bélico, al desplazarse al norte de África. Su padre, Juba I, había tomado partido por Pompeyo. Tras la batalla de Farsalia, en la Grecia central, César fortalecería su preponderancia y poder militar, pasando a

---

[31] El nombre procede de la forma griega 'Ióβας (*PIR*² 165), en latín "Iuba" tanto en inscripciones como en monedas. En griego 'Ióβας es una forma poco frecuente y en ocasiones aparece como 'Ióβα. Estrabón y Dión Casio recogen 'Ióυβας y no hay unanimidad en las inscripciones y así, pueden encontrarse variantes que van desde 'Ióυβας (*IG* 3¹.555, 936) a 'Ióβας (0*GIS* 198). Todas estas inscripciones provienen de Atenas y se localizan en una época próxima al monarca. A pesar de la prevalencia bastante general de la forma 'Ióβας en griego, Estrabón da una cronología bastante próxima, registra el nombre 'Ióυβας, que guarda una mayor coherencia con el latín y pudo haber sido la forma realmente preferida por el rey. Las leyendas de las monedas púnicas de su padre Juba I presentan el equivalente a "Iobai", que quizás estaba más próximo al griego 'Ióβας y todas las fuentes recogen esta forma para Juba I. La grafía 'Ióυβας usada por Estrabón, Dión Casio y los atenienses pudo haber sido transliterada del latín (D. ROLLER, 2003: 1). Hemos decidido transcribir la forma latina "Iuba" por "Juba", dado que la semivocal "y" se conservó en latín en inicial de palabra ante vocal a diferencia del griego (Cf. *iĕcur< *yēkʷ-r*, mientras que en griego *ἧπαρ*. (P. MONTEIL, *Elementos de fonética y morfología del Latín (traducción Concepción Hernández Martínez)*, Universidad de Sevilla, Sevilla, 1992: 93). Dentro de la evolución fonética del latín al castellano, se dio el proceso por el cual la "i" semiconsonántica seguida de vocal acabó transformándose en la palatal sonora "j". En latín y en las lenguas romances de la Edad Media representaba indistintamente los sonidos [i], [i:] y [j] y fue en el siglo XVI cuando se empezó a considerar la «j» como una letra con valor propio. Fue la última letra que Pierre de la Ramée (1515-1572) incorporó al alfabeto latino moderno para distinguirla del valor fonético que había desarrollado la «i» en las lenguas romances.

[32] M. COLTELLONY TRANNOY, *Le royaume de Maurétanie sous Juba II et Ptolémée (25 av. J.-C.-40 ap. J.-C.)*. Paris, 1997: 14.

Africa y derrotando al númida en Tapso (Túnez) el 46 a.C., que se suicidó en compañía de su amigo Petreyo[33].

Desde este momento, la suerte de los descendientes del soberano nos es desconocida, aunque parece factible que su familia fuera aniquilada por César quien, sin embargo, se compadeció del pequeño Juba, de tan solo cinco años de edad, y lo lleva a Roma. Allí, el prestigioso general romano recibió multitud de honores que enaltecían su figura en medio de unos fastuosos actos que se prolongaron a lo largo de cuatro días y en ellos tuvo lugar una ceremonia esplendorosa por la riqueza del botín, el brillo refinado del *apparatus* y el impacto que produjo el elevado valor representativo de los cautivos que figuraban en ella: Vercingetorix (caudillo galo que el año 52 a.C. dirigió un levantamiento general contra la dominación romana), también Arsinoé (princesa egipcia, hermana de Cleopatra VII, que había conspirado contra la futura aliada de César), y Juba II (hijo del acérrimo enemigo de Roma, Juba I, rey de Numidia, quien, desafortunadamente, se había confederado, como hemos dicho, con la causa pompeyana).

El niño Juba fue educado de forma esmerada, junto a otros miembros de la oligarquía romana en la enseñanza bilingüe al uso, basada en el aprendizaje del griego y del latín, entre otras materias. Cultivó la amistad del joven Octaviano, diez años mayor, y, con posterioridad, le acompañó en algunas campañas militares, como la de *Accio* (en el norte de Grecia).

Octavio recompensa a Juba II restaurando a su favor el reino de Numidia, perteneciente a las antiguas dinastías norteafricanas, pero no es bien acogido por la población númida, dada su íntima vinculación con Roma. Ello provocó que, tras apaciguar las revueltas, se convirtiera en provincia de Roma (25 a.C.). En compensación, Juba II recibe la soberanía de Mauretania, reino formado con una parte de los *gétulos*, además de los reinos de Boco y Bogud, que se divide en dos Mauretanias: la Cesariense, que toma como capital Cesarea –actual Cherchell- antiguamente conocida como Iol; y la Tingitana, que tuvo por capital Volubilis, y que llegaría a ser un enclave helenizante y orientalizante, pues era un ferviente admirador de la cultura helénica y, gracias a su primer matrimonio, había podido atraerse a un buen número de sabios griegos de Alejandría.

El heredero de César también concertó su matrimonio con Cleopatra Selene, hija de Marco Antonio y Cleopatra, educada por Octavia, hermana de

---

[33] W. C. MCDERMOTT, "M. Petreius and Juba". *Latomus*, 28, 1969: 857.

C. Julio César Octaviano y esposa repudiada de Marco Antonio, quien falleció pronto, aunque le proporcionó su único hijo y heredero, Ptolomeo, un nombre con el que, además, se homenajeaba a la dinastía helenizante de su madre. Más tarde, contraería segundas nupcias con Glafira, hija del rey Arquelao de Capadocia y viuda de Alejandro, uno de los malogrados hijos de Herodes el Grande.

Busto de Juba II, rey de Mauretania (50 a.C – 23 d.C), en bronce. Museo Arqueológico de Rabat (Marruecos).

La unión, afecto y relación entre el príncipe númida y Octavio, se mantuvo a lo largo de la vida de ambos, y además de la más esmerada de las educaciones en Roma y de las concesiones territoriales, al llegar a la edad correspondiente, el joven Juba recibió la ciudadanía, siendo sus *tria nomina, Gaius Iulius Iuba*[34].

Murió el 23-24 y le sucedió en el trono Ptolomeo que fue inexplicablemente asesinado por Calígula, el año 42, tras lo cual ambas Mauretanias pasaron a formar parte del Imperio.

El establecimiento de un reino cliente en el norte de África suponía para Augusto la reducción del número de sus armadas en este territorio, requeridas de forma acuciante por los nuevos frentes que se habían abierto en Europa y Asia, además de que estas tierras eran un importante abastecedor de trigo para la *Urbs* (Roma) e, inclusive, para el resto de Italia. Así, el nuevo rey sería el encargado de velar por la paz de esta provincia que estaba, sin duda, destinada a actuar como estado-tapón frente a las fluctuaciones promovidas por los *gétulos* rebeldes.

En lo que se refiere al marco territorial de este reino naciente que conocemos a partir de los datos de las fuentes antiguas, puede deducirse que

[34] El praenomen CAIUS debe traducirse por "Gayo". Quintiliano dice en Inst. 1.7.28: '*Gaius*' *C littera significatur* (*Gaius* se indica con la letra C).

Juba II rigió, en primer lugar, los territorios de Boco II y Bogud, a los que se añadiría una parte de la *Getulia*, las regiones comprendidas entre el *Sitifis* y *Biskra*, zonas que teóricamente parecían haber estado sometidas con anterioridad al poder de Juba I. Por otro lado, al sur de la Numidia no debían existir fronteras bien delimitadas, y entre los territorios de la confederación de *Cirtes* y el río Bou Jalán existía una zona tapón, ligada a la Numidia, en una comarca donde en esa época debían de localizarse las numerosas tribus que perturbaban los límites políticos que suponía, al mismo tiempo, la frontera del poder de Juba II.

Estas informaciones se complementan con la conjetura expresada por J. Desanges[35], quien sostiene que la *Getulia* gobernada por Juba II correspondía al sur de la Numidia entre *Zarai* y *Thabudeos*, pero nunca más allá, ya que Roma se reservaba el poder de vigilar a los *musulames*, a los *gétulos* del N y NE del Aurès, y a los nómadas del Sur de la Tunicia. St. Gsell[36], por su parte, concreta que los dos reinos dados a Juba por Augusto y reunidos durante algunos años, del 38 a.C. al 33 a.C., bajo la tutela de Boco[37], eran de considerable extensión, ya que las posesiones de Bogud abarcaban el norte de Marruecos hasta la desembocadura del río *Muluya*, mientras que las de Boco iban desde aquí hasta la del *Ampsaga*, al NO de Constantina (Argelia). Por tanto, podría determinarse la desembocadura de este río como frontera de los estados de Juba II, que se consideraba la marca del extremo oriental de la Mauretania[38].

[35] J. DESANGES, "Les territoires gétules de Juba II", *REA*, 66, 1964: 33-47, ofrece otras informaciones de relieve en torno a las posesiones de Juba II, tales como la polémica entablada a partir de los textos de Floro *Epit.* 1. 31 y D.C. 55. 28. 3-4 sobre si los gétulos estaban sometidos o no a su autoridad real, y muestra el escepticismo de este sabio historiador a la hora de considerar que Augusto pudiese haber encomendado a Juba la misión de controlar las tribus situadas al sur de la provincia romana donde no había un límite definido. Asimismo, concluye con que los datos aportados por Str., 17. 3. 7, sobre los confines del reino mauritano eran desacertados, puesto que este rey no heredó ni *Cirta* ni la *Provincia nova*, unidas en derecho a partir del 27 a.C. al *Africa vetus*. Estos datos, a nuestro juicio, contradicen la referencia de Estrabón y la información apuntada por D.C. 51. 15. 6, donde se recalca la recompensa territorial a cambio del reino paterno, pues las líneas aquí comentadas puntualizan la noticia y precisan que se trataba de una parte de la Getulia y las posesiones de Boco II y Bogud.

[36] ST. GSELL, *Histoire Ancienne de l'Afrique du Nord*, t. VIII. Osnabrück, 1972: 212-213.

[37] Recordemos que Plinio en su *Nat.* 5.16 concreta: *Iuba, Ptolomaei pater, qui primus utrique Mauretaniae imperitavit* ("Juba, el padre de Ptolomeo, que fue el primero que gobernó en las dos Mauretanias").

[38] A pesar de que Estrabón (17.3.12) indique que el límite entre el país sometido a Juba y el que pertenecía a los romanos era el puerto de Salda, actualmente *Bougia*, se trata de un error evidente, pues entre Salda y el *Ampsaga* se encuentra *Igilgili* (*Djiedjeli*), colonia fundada en

En resumen, los estados del nuevo soberano abarcaban desde la costa atlántica hasta el río *Ampsaga*, con una extensión próxima a los mil trescientos kilómetros, aunque al sur resulta casi imposible delimitar netamente el trazado de la frontera entre los estados de Juba y la *Provincia Africa*, pese a que Jehan Desanges[39], a partir de los textos de Plinio, *Nat.* 5.30, y Ptolomeo, *Geog.* 4. 2. 7, en referencia a las comunidades y tribus de Mauretania y *Africa*, piensa que la Mauretania meridional de Juba II no debió sobrepasar al este, la región de *Thabudeos*.

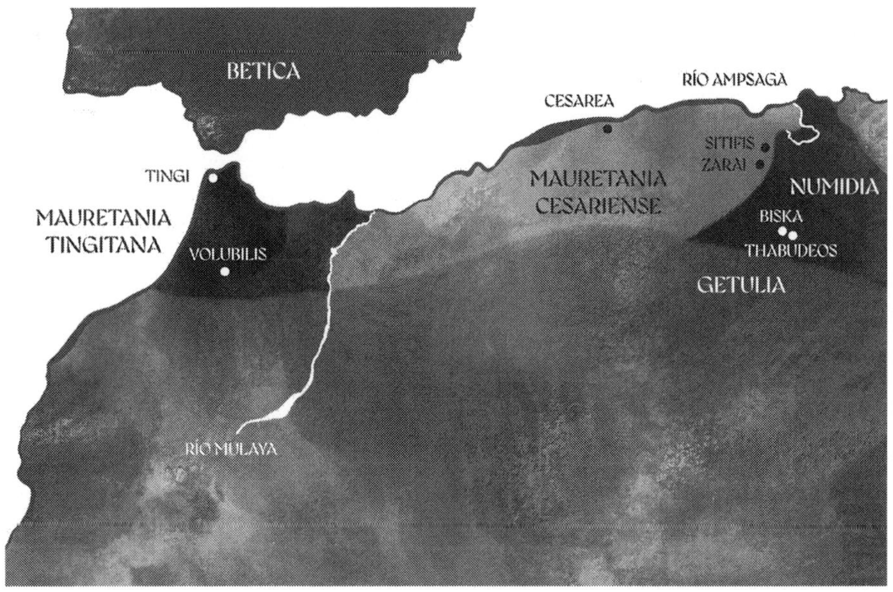

Territorios del norte de África correspondientes al reino de Juba II.

La conquista romana, del mismo modo que ya lo había realizado Alejandro Magno en época helenística, no fue solamente la unificación bajo un mismo poder político, y dentro del mismo mercado económico, de estados hasta ese entonces independientes, sino que supuso también la exploración

Mauretania por Octavio tras la muerte de Boco e inmediatamente incluida en el reino de Juba II y de su hijo.

[39] J. DESANGES, *ob. cit.*: 38-43.

y la civilización de vastas regiones todavía mal conocidas y más o menos bárbaras. El Imperio se erige entonces como centro de una red que irradia en una amplia franja territorial en la que se incluyeron viajes, descubrimientos, expediciones militares y relaciones comerciales que enriquecieron todavía más el conocimiento que los geógrafos tenían de la Ecúmene. Es en este marco en el que debemos situar a Juba II, cuya exploración de las Islas *Afortunadas*, aparte de otros grandes favores prestados a Augusto, su emperador y amigo, fue el único progreso realizado en cuanto a las latitudes occidentales de la costa romana en esos momentos, aunque nada parece evidenciar que la expedición tuviera consecuencias comerciales.

Juba II fue, pues, un auténtico rey vasallo de Roma, al más puro estilo helenístico, y como tal fue honrado patrono y *duomvir quinquenal* al menos en dos de los principales centros comerciales de la Península -Cádiz[40] y Cartagena[41]-, todo ello como un síntoma evidente de las buenas e intensas relaciones comerciales mantenidas por los hispanorromanos en esta época, en el área atlántica meridional, que reinó por orden de César Augusto y que fundó la fastuosa ciudad de Cesarea.

Sobre su figura, los intelectuales númido-púnicos destacaban a Juba II como el más importante de ellos, gracias a sus obras de argumento, preferentemente etnográfico, zoológico, botánico y anticuario-mitológico, en un momento en que en Roma había surgido con vigor la predilección por la *Libya* indígena y salvaje[42].

Son de interés, asimismo, los comentarios debidos a una serie de autores sobre la figura de Juba II y su reinado, a los que nos referiremos a continuación y entre quienes destaca Dion Cassio 53.26.1, quien señala que "Después que acabó esta guerra (contra los cántabros) Augusto... dio a Juba una parte de Getulia en recompensa por el reino paterno, ya que la mayoría de sus habitantes habían entrado a formar parte de la organización romana, y también las posesiones de Boco y Bogud"[43]. En ese mismo sentido se manifiesta Estrabón en 6.4.2.288, cuando dice que "Juba acaba de heredar actualmente Mauritania y muchas regiones del resto de Libia gracias a su buena disposi-

[40] AUIEN., *Ora*, vv. 257-283.
[41] *CIL* II, 3417.
[42] Algunos ejemplos ilustrativos son el de la fascinación de Ipsícrates por las jirafas, rinocerontes y serpientes; Posidonio por los monos, Tanusio por los elefantes y Juba II por los leones.
[43] Traducción de Alicia García García.

ción y amistad con los romanos"[44]. En la *Ora Maritima* (*Or. m.* 275/283), Rufo Festo Avieno alude también a nuestro personaje en los siguientes versos: "Pero hubo en aquellas (Gades-Tartesos) tanta fuerza y esplendor / según el testimonio de los hechos / que un rey soberbio y el más poderoso de todos / los que tenían entonces el pueblo mauritano, / Juba, estimadísimo para el príncipe Octaviano y siempre dedicado al estudio de las letras / creyese durante el duunvirato /... que él mismo era el más ilustre de esta ciudad[45]".

Es en este contexto, el de su acceso al trono por gracia de Octavio Augusto, en el que debemos analizar las principales finalidades de su expedición a las Islas *Afortunadas*, ya que, por un lado, Juba II mantenía en la zona, como ya hemos señalado, intereses comerciales e industriales tan poderosos como la célebre *purpura gaetulica*[46], y, por otra, es evidente que el mauritano estaba obligado a realizar estas actividades encargadas de velar, entre otras cosas, por los intereses de Roma, ya que su condición de príncipe vasallo le obligaba a "asegurar" en su reino la libre circulación de los inmigrados romanos o itálicos, y de este modo favorecer su instalación y el florecimiento de sus actividades comerciales[47]. En tercer lugar, como rey vasallo, además de rey-científico, había recibido de Roma la encomienda de determinar la posición de esas islas que suponían el confín más occidental del Imperio. Además de ello, la definición geográfica de los límites de la ecúmene era esperable en un momento en el que Augusto ponía en marcha numerosas e importantes exploraciones. Sea como fuere, el caso es que tras la expedición de Juba II a las Islas Canarias, el Archipiélago se convirtió en el punto más extremo del orbe antiguo, de lo que se valió Ptolomeo, un siglo después, para que le sirvieran de referencia y establecer en ellas el primer meridiano.

En cuanto a la figura de Juba II no podemos olvidar que estaba profundamente helenizado[48] y que su vida estuvo consagrada al estudio, lo cual

---

44 Traducción de Alicia García García.

45 Traducción de Alicia García García.

46 No estamos de acuerdo con la tesis mantenida por VALERIO MANFREDI, *Las Islas Afortunadas. Topografía de un mito,* Anábasis, Madrid, 1998: 58, quien considera que Juba II vio en las islas la posibilidad de aprovechamiento económico de la tintura roja de *orcina* del *Dracaena drago* y de otros recursos, los cuales pudo haber conocido el mauritano durante el período de su educación romana.

47 Por ello resulta perfectamente normal que las monedas de plata y de bronce acuñadas por Juba II, o su hijo Ptolomeo, se adecuen a los patrones romanos y que, por otra parte, sean tan abundantes en esta zona los bronces acuñados en Hispania.

48 Prueba de ello son los magníficos bronces hallados en su capital, así como su obra arquitectónica y literaria. A este respecto resultan esclarecedores los juicios de Plu. *Caes.* 9 y

le facilitó el acceso a documentos e informes muy valiosos a este respecto, muchos de los cuales debía de acumular en su gran biblioteca, compuesta principalmente de obras griegas y latinas. Y, aunque como han estudiado A. Klotz[49] y D. Detlefsen[50], no conoció directamente las Islas Canarias y parte de sus noticias fuesen de segunda mano, quizá a través del propio Estacio Seboso[51], en el texto de Juba relativo a las Islas Afortunadas, no obstante, se plasmaron los resultados de sus investigaciones personales, además de los datos procedentes de su gran biblioteca, heredada de su familia y que se había visto incrementada con la ingente cantidad de ejemplares procedentes del expolio efectuado por Escipión con ocasión de la caída de Cartago, en el año 146 a.C., en el que sus libros pasaron a formar parte del botín de Massinisa y quedaron, posteriormente, en la biblioteca real de Numidia que finalmente recibió el joven soberano mauritano.

Amplia y variada fue la obra de Juba II, un rey erudito que se interesó por el estudio y el conocimiento de múltiples temas, llegando a dominar las lenguas griega, latina y púnica. Por otro lado, dado el volumen de material que el soberano manejaba, en la Antigüedad era célebre por su bibliofilia, debido a su afán desmesurado por adquirir todo tipo de ejemplares raros y extraordinarios, llegando a pagar por ellos cifras astronómicas[52]. Sin embargo, su producción literaria y científica se ha perdido de manera directa, ya sea de forma casual o por desinterés, y solo se conserva a través del testimonio de otras fuentes grecolatinas.

55; Ath. *Hist.* 3. 25; Auien., *Ora,* 280. Además, gozó de gran prestigio en el mundo griego, por lo que los atenienses le elevaron una estatua en las proximidades del Gimnasio de Ptolomeo donde había una biblioteca (Paus. 1.17.2).

[49] *Questiones Plinianae geographicae (Quellen und Forschungen zur alten Gesch. und Geographie herausg. von W. Sieglin,* Heft 11, Berlín, 1906: 1906.

[50] *Die Geographie Afrikas bei Plinius und Mela und ihre Quellen (Quell. Und Forsch.,* ecc. Heft 14, Berlín, 1908), 51 y ss.; *Die Anordnung der geographischen Bücher des Plinius und ihre Quellen (Quell. und Forsch.,* ecc. Heft 18, Berlín, 1909: 110, 164 y ss.

[51] Que se trata de una fuente latina lo prueba el hecho de que los nombres de todas las islas, menos *Ombrios,* aparecen en forma latina, mientras que Plinio no está acostumbrado a traducir los nombres griegos y, puesto que en este mismo fragmento se nombra a Seboso, este debió ser la fuente.

[52] Su monumental biblioteca debió de poseer un valor ingente. Elias, *In Cat.* 28, rememora el engaño del que fue objeto al comprar unos ejemplares ungidos con aceite de cedro para aparentar una antigüedad mayor.

CAPÍTULO II

LOS PRIMEROS EXPLORADORES DEL ATLÁNTICO

II.1. Los *Libri Punici*

Todo lo que tiene que ver con el descubrimiento de este Archipiélago ha sido siempre objeto de mucha discusión y polémica, por lo que antes de analizar el texto de Plinio el Viejo sobre las *Fortunatae Insulae*, la fuente liminar que nos ha permitido aseverar tal aserto, hemos considerado necesario estudiar otras propuestas que se asocian también con su descubrimiento, y que de ser así retrasaría aún más la fecha aquí propuesta sobre su conocimiento, aunque todas parecen coincidir en que el primer avistamiento conocido y documentado sería obra de navegantes de aquella procedencia, quienes por vez primera acertaron a localizar estas islas atlánticas.

Como nos hemos ido manifestando con anterioridad, somos partidarios de que las Islas Canarias serían descubiertas por los romanos en el último tercio del siglo I a.C., por lo que consideramos oportuno aludir a una serie de cuestiones vinculadas a las posibles exploraciones que tendrían lugar en una etapa anterior, como así se infiere de lo contenido en el texto de Plinio, con el fin de que los lectores puedan tener una visión de conjunto sobre este problema, que lo creemos del máximo interés, de modo que para hacernos una idea de las primeras exploraciones por las costas atlánticas del continente -algunas atribuidas a los fenicios y, más tarde a sus descendientes los púnicos-, nos referiremos, primeramente, a los conocidos con un nombre alusivo a esta gente, los *libri punici*. Se ha creído que en ellos se podría haber conservado alguna información de esas supuestas exploraciones realizadas en este mar por navegantes de esa procedencia que se arriesgaron a conocer lo que había más allá de las islas de Mogador, hasta donde habrían llegado en las fechas arriba indicadas.

Con el término *libri punici* se conoce un importante conjunto de obras que formaban la Biblioteca de los púnicos de Cartago, cuando en el verano del año 146 a.C. los romanos asediaron e incendiaron la ciudad. Esta información procede de un excurso del historiador latino Salustio, recogida en la obra sobre Yugurta, 17-19, apareciendo en 17.7 por primera vez una referencia a aquellos, cuando dice que además de la información procedente de la tradición que utilizará para hablar de los primeros habitantes del norte de África, también hará uso de todo lo que le habían traducido *ex libris punicis, qui regis Hiempsalis dicebantur* ("de los libros púnicos que se decía que eran del rey Hiempsal"). El genitivo *regis Hiempsalis,* como opina Nadia Berti[53], se refiere a que estos libros distribuidos por los romanos a los africanos después de la destrucción de Cartago y de su biblioteca, motivó que fueran posteriormente recopilados por Micipsa, padre de Hiempsal I, y que finalmente, según otros, pasaran por herencia a la biblioteca de Hiempsal II. Así, los *Libri Punici* "de Hiempsal" nombrados por Salustio debían formar parte, por tanto, de la biblioteca del soberano númida en Cirta[54].

Sobre su importancia se conserva, asimismo, un dato que conocemos por el historiador latino del s. IV d.C., Amiano Marcelino, quien en su obra, *Historias* (*Rerum gestarum libri XXXI,* 22, 15, 8)[55], hace una referencia de indudable calado, donde explica la manera por la que Juba recibió información de muchos aspectos de interés acerca del territorio de la Mauretania que le había sido asignado por el emperador Octavio Augusto: *Rex autem Juba, Punicorum confisus textu librorum, a monte quodam oriri eum exponit, qui situs in Mauritania despectat oceanum, hisque indiciis hoc proditum ait, quod pisces et herbae et beluae similes per eas paludes gignuntur* ("Basándose en el contenido de los **libros púnicos**, el rey Juba explica que nace en un monte situado en Mauritania y que domina el Océano y dice que esto se evidencia por los siguientes indicios, ya que a lo largo de estos pantanos nacen los mismos peces, hierbas y fieras"*)*. Por otra parte, en un texto de Solino, recogido en *Collectanea Rerum Memorabilium,* 32, 2, se dice: *originem habet a monte inferioris Mauretaniae, qui Oceano propinquat, hoc adfirmant* ***Punici libri****, hoc Jubam regem accipimus tradidisse* ("Tiene su nacimiento en una montaña de Mauretania inferior, próxima al Océano. Así lo dicen los Libros Púnicos, y sabemos que esta noticia la refirió el rey Juba..."). Plinio, en el libro 18.22, de la *Naturalis Historia,* al hablar de los sistemas agrícolas, escritos por el púnico Magón se refiere, asimismo, aunque de manera indirecta, a estos libros que

[53] N. BERTI, "Scrittori greci e latini di "Libykà": La conoscenza dell'Africa settentrionale dal V al I secolo a.C.", *Geografia e storiografia nel mondo classico,* ed. Marta Sordi, Milan, 1988: 145-165.

[54] Plin. *Nat.* 18. 22-23 informa de que dos siglos después de la toma de Cartago por Escipión Emiliano, el senado romano determinó que las bibliotecas cartaginesas pasaran a las manos de los príncipes africanos y que se tradujeran al latín 28 libros de preceptos agronómicos atribuidos al cartaginés Magón. Otras fuentes son Plu., *Moralia,* 200 A-B y Pol., *Fr.,* 38. 20-21.

[55] AMIANO MARCELINO (1999). *Histoire, (Historias, Rerum gestarum libri XXXI,* 22,15,8), T. VI (libros XXIX-XXXI), Introducción, texto y traducción de Guy Sabbah, Les Belles Lettres, Paris.

se encontraban en la biblioteca de Cartago: *Igitur de cultura agri praecipere principale fuit etiam paud exteros, si quidem et reges fecere, Hiero, Philometer Attalus, Archelaus, et duces, Xenophon et Poenus etiam Mago, cui quidem tantum honorem senatus noster habuit Carthagine capta ut,* ***cum regulis Africae bibliothecas donaret****, unius eius duodetriginta volumina censeret in Latinam linguam transferenda, cum iam M. Cato praecepta condidisset, peritisque Punicae dandum negotium, in quo praecessit omnes vir clarissimae familiae D. Silanus* ("Por tanto, el dar preceptos sobre agricultura fue algo fundamental también entre los extranjeros, ya que lo hicieron reyes, como Hierón, Filométor, Átalo y Arquelao, y asimismo generales, como Jenofonte y también el cartaginés Magón, a quien precisamente nuestro Senado, una vez capturada Cartago, concedió tan gran honor que, al regalar las bibliotecas a los reyezuelos de África, decretó que solo los veintiocho libros de este debían traducirse al latín, aunque Marco Catón ya había compuesto sus preceptos, y que se debía hacer este ilustre, Décimo Silano")[56].

Se pensó siempre que estos libros habrían sido recuperados después de haber arrasado la ciudad cartaginesa, por lo que podrían haber sido una vía razonable mediante la que Juba recibiría información de aspectos varios de la geografía del norte de África, que de seguro fue recogida en su obra, y que figura en el texto citado, según lo confirma él mismo en su obra, hoy perdida, sobre *Africa -Libyca-*, la fuente indudable de la que el escritor latino Plinio el Viejo copió los datos sobre el continente, y, por descontado, todo lo relativo a las Islas *Afortunadas*. Y este pudo ser, asimismo, el modo por el que Juba II recibiría información acerca del Periplo de *Hanón*, como así quedó recogido en la obra de Ateneo 3. 25. p. 83 A-C, quien sobre este general cartaginés obtendría, por medio de dicho periplo, el conocimiento que en la Antigüedad se pudo haber obtenido de la geografía norteafricana, como se deduce del párrafo siguiente: "Limón: una gran investigación sobre esto... si tuvo alguna mención en los escritores antiguos. Emiliano decía que **Juba, rey de Mauretania**, hombre extremadamente sabio, al hablar del limón en su **Historia de Libia**, afirmaba que entre los libios se llama manzana de Hesperia desde que Heracles llevó a Grecia las manzanas que recibían el nombre 'de oro' por su color. Demócrito al considerarlas decía: **"si Juba refiere algo de esto que se olvide de sus libros de Historia de Libia e incluso de los Viajes de Hannón**..."[57].

---

[56] Cf. la traducción de LUIS ALFONSO HERNÁNDEZ MIGUEL, Plinio el Viejo, *Historia Natural.* Libros XVII-XIX, Biblioteca Clásica Gredos, Madrid, 2020.
[57] *Ibidem.*

Es de suponer, en el caso de que las islas hubieran sido conocidas por los fenicios, que todo lo relativo a su descubrimiento, así como a la manera de localizarlas y de saber su situación exacta, de cómo llegar a ellas, los puntos de aguada, lugares de refugio, o de sus riquezas potenciales, debería haberse recogido en estas obras por la necesidad que siempre tenían los navegantes de contar con un buen conocimiento del mar y de las costas que iban a ser objeto de exploración. Y cabe pensar, además, que toda esta información formaría parte de una rica tradición oral que a lo largo de los años se iría transmitiendo entre los tripulantes que hacían estas navegaciones. Por ello es de suponer, que los datos contenidos en diferentes periplos, como los de la fundación de Cádiz, el de *Hanón*, el de *Himilcón*, o el de la *Ora Maritima*, entre otros, formarían parte del conocimiento acumulado en sus exploraciones atlántico-africanas y, cabe pensar, asimismo, que hubiera quedado por escrito en diversos informes, a la manera de los *cuadernos de bitácora* o *diarios de a bordo*, donde se señalarían los aspectos más singulares arriba referenciados cuando se llevaban a cabo las diferentes derrotas por las costas de mares desconocidos.

Por todo esto, pensamos que buena parte de tales datos se habrían recogido en distintas informaciones que formarían parte de los citados *Libri Punici*, aunque nada nos ha quedado, como tampoco en los diferentes periplos a los que nos referimos en este estudio y de los que no existe ningún dato del que, de manera directa o indirecta, se pueda deducir una sola referencia al conocimiento de las Islas Canarias en la Antigüedad. Tampoco hay datos de carácter arqueológico en la costa africana al sur de Agadir, que nos permitan, intuir siquiera, su presencia por esta zona del Atlántico medio. De haber existido información al respecto es de pensar que algo podría haberse conservado en estas obras, aunque como veremos, fue muy poco lo que de ellas ha pervivido.

Con relación a estas pretendidas exploraciones de los púnicos por las costas africanas, sobre las que tanto se ha especulado, habría de enmarcarlas en la lógica necesidad de localizar recursos existentes en el continente africano, considerados de interés para sus transacciones comerciales, como el oro o la plata; pero sobre todo los elefantes para el aprovechamiento del marfil, o las pieles de animales exóticos, o los huevos y plumas de las avestruces, productos en los que estaban muy interesados, y casi seguro también en el comercio de esclavos.

Como trataremos de argumentar en los apartados que siguen, creemos que hoy se puede aceptar que el descubrimiento de las Islas Canarias fue obra de navegantes romanos, acontecimiento que debió de haber tenido lugar, seguramente, en la primera mitad del siglo I a.C.

II.2. El Periplo de Polibio

El otro documento que suponemos podría haber aportado alguna información sobre la ribera africana, y en este caso de las Islas Canarias, es el conocido *Periplo de Polibio* (201-120 a.C.), que formaba parte de la obra del historiador griego, texto bien fechado y conocido de este autor[58], cuya información sobre esta zona del continente se ha perdido, pero de la que suponemos se conservaría en su libro III, 59, 7-8, del que solo conocemos un extracto realizado por Plinio que fue trasladado al libro 5, 8-9, 9-10, de su *Historia Natural*.

El interés primordial de su obra es que se trata del primer viaje organizado oficialmente por los romanos para la exploración y el conocimiento de esta zona del Oeste de África, que hasta ese momento les era completamente desconocida. Sabemos que el general romano Escipión Emiliano, le había pedido a su amigo Polibio realizar esta expedición[59] que estaría formada por siete embarcaciones, galeras verdaderamente pujantes, que iban comandadas, además de por el ya citado historiador griego, por el filósofo *Panaetius*, con la finalidad de explorar los territorios costeros del continente, considerados por entonces el límite geográfico y *finis terrae* del mundo conocido. Sin embargo, no contamos con esta documentación que pudo haber estado recopilada en el libro 34 de su obra, ya citada[60].

Este viaje tenía el propósito de reconocer y someter las supuestas colonias cartaginesas que pudieran haber existido en la costa africana y que de ser así, habrían ayudado a su metrópoli en la última Guerra Púnica. La expedición se realizaría por los años de la destrucción de Cartago, fecha que conocemos muy bien, ya que se corresponde con las acciones bélicas sobre esta ciudad púnica que tuvieron lugar el verano del 146 a.C., como ha planteado

58 ST. GSELL, 1928, *ob. cit.*: 310.

59 ST. GSELL, 1928, *ob. cit.*: 391.

60 ST. GSELL, 1928, *ob. cit.*: 310.

St. Gsell (t. III, 391)[61], aunque es posible suponer que no se llevaría a cabo ese mismo año, sino en los posteriores, quizá en el 145 o 144.

Sobre esta expedición, dice Plinio lo siguiente: "Cuando Escipión Emiliano ejercía el mando en África, el historiador Polibio, en una flota que aquél le proporcionó, recorrió este sector del orbe con el fin de explorarlo (...) Agripa dice que el Lixo dista del Estrecho Gaditano 112.000 pasos; que después están el llamado 'Golfo de Sagigi', la población situada en el promontorio Mulelacha, los ríos *Sububa* (Sebou) y *Salat* (Bou Regreg) y el puerto de *Rutubis* (Mazagan-Azemmour) a 224.000 pasos del Lixo; que luego vienen el promontorio del *Sol* (Cantín), el puerto de *Rhysaddir* (Mogador-Agadir), los *gétulos autóloles,* el río *Cuoseno* (Sus), las tribus de los *selatitos* (del Bou Regreg) y los *masatos,* el río *Masathat* (Massa) y el río *Darat* (Drâa)..." (Plin. *Nat.* 5. 1.9)[62]. Con relación a estos lugares, resulta posible identificar *Lixus* con el *Loukkos;* el *Subur* se corresponde con el *Sebou*; el *Sala* es el río de la villa de Sala (Chella, le Bou-Regreg moderna); el *Anatis*, el Oum er-Rebia, en cuya desembocadura se halla la ciudad de Azemmour y le *Quosenus*, el río del ribat de Couz, drenando el Haouz de Marrakech (el Tensift). Y *Cerné*, frente al Atlas, no puede ser otra que Mogador. El *Salsus*, probablemente el Sus; el *Masatat*, el Oued Massa; el *Bambotus*, el Nun y el *Darat*, el Draa, donde viven los cocodrilos.

Estos nombres confirman la notoria dependencia de Polibio, como también Plinio la obtendría del texto de Hanón, escrito en griego, indicio notable contra la supuesta superchería de esa narración, de la que no desconfía el historiador griego, pero quien tampoco habla de las Islas Canarias, sin duda porque ni en las colonias cartaginesas visitadas por él, ni en los aliados africanos de Escipión, conocedores de las ayudas a Cartago de aquellas, halló noticia alguna de estas Islas. Y ello ocurre solo medio siglo antes, o poco más, del viaje de Eudoxo y de la supuesta visita a estas islas de los marinos gaditanos de Sertorio, por lo que los navegantes de esos siglos ni tocaron el Archipiélago, ni tuvieron noticia de su realidad geográfica, ya que sería difícil de creer que habiendo conservado el recuerdo de tantos puntos minúsculos de la ruta comercial púnica por la costa africana frente a este Archipiélago, que hoy no es posible identificar, aquellos navegantes olvidaran estas Islas, en el supuesto de que las hubieran abordado en alguna ocasión[63].

[61] St. GSELL, 1918, *ob. cit.*: 190.

[62] V. BEJARANO, 1987, *ob. cit.*: 31-32 y 130-131.

[63] J. ÁVAREZ DELGADO, *Descubrimiento, colonización y primer poblamiento de las Islas Canarias*, Eds: Alfredo Mederos Martín y Gabriel Escribano Cobo, Ediciones Idea, Santa Cruz de Tenerife, Col. Thesaurus, 2014: 251.

Es probable que la fuente de información de la que Polibio obtendría datos sobre la costa africana, suponemos que le podría haber venido, precisamente, de los referidos *libros púnicos*, de los que recibiría información de los viajes realizados por *Hanón*, según se desprende de un texto conservado en la obra de Plinio el Viejo (*Nat.* 5. 8-9), donde se alude a los *commentarii* de *Hanón*, cuando dice que fueron seguidos por la mayoría de los escritores griegos y romanos: "Enfrente también de este promontorio se cuenta que están las islas Górgades, morada antaño de las Górgonas, distantes del continente dos días de navegación, según asegura Jenofonte de Lámpsaco. Se adentró en ellas Hannón, general de los cartagineses, y aseguraba que los cuerpos de las mujeres eran vellosos y que los hombres habían escapado gracias a la velocidad de su carrera; depositó dos pieles de *górgades* en el templo de Juno en prueba de su testimonio y como una maravilla, las cuales se podían ver hasta la toma de Cartago" (Plin. *Nat.* 6. 36. 198-201).

CAPÍTULO III

LOS ROMANOS, DESCUBRIDORES DE LAS ISLAS AFORTUNADAS

III.1. Las *Fortunatae Insulae* de Plinio

Analizados los textos anteriores, es probable pensar que el conocimiento de las Islas Canarias podría haber sido transmitido por medio de algunos informes, hoy perdidos, sin que descartemos tampoco que su descubrimiento pudiera estar relacionado con las diversas exploraciones realizadas por los romanos para conocer las potencialidades económicas de las tierras que ahora habían ocupado. Del mismo modo pudo suceder cuando Juba II fue nombrado rey de la provincia de la Mauretania, para quien parecería lógico recopilar toda la información posible sobre los lugares de su entorno que estaban bajo su *imperium* -mandato-, entre la que debía hallarse la exploración del historiador griego Polibio, como hemos visto, de quien pudo obtener datos sobre las costas africanas que se complementarían con sus propios viajes exploratorios.

El citado texto pliniano sobre las *Afortunadas* lo componen unos pocos párrafos, aunque de extraordinario interés, según analizaremos más adelante, ya que se trata del primer y más importante documento asociado con este Archipiélago, donde se confirma, con toda certeza, su realidad geográfica desde la Antigüedad. Aunque en el texto perviva, según dijimos, alguna alusión a espacios fabulosos, como el de la isla *Ombrios*, haciendo pensar que, en su conjunto, el contenido no tendría ninguna validez para atribuirle categoría de documento histórico, nosotros, en cambio, sí se la adjudicamos, como así lo han defendido, también, un considerable número de estudiosos, entre quienes existe un cierto acuerdo sobre la veracidad de lo que nos fue transmitido por el naturalista latino en el fragmento ya referenciado, procedente, en su mayoría, de la obra de Juba II de Mauritania *Sobre Libia* (*Africa*). Somos partidarios, por ello, de que esas pocas líneas deben ser leídas sin apriorismos y prejuicios, sino únicamente ateniéndonos a lo que en él se dice y a la manera en cómo se dice, por lo que en estas reflexiones sobre las *Fortunatae Insulae*, se puede colegir que, a pesar de los muchos estudios a que ha sido sometido el texto, pensamos que aún es posible un análisis hermenéutico más detallado.

Como hemos dicho, el propósito de nuestro análisis es el de aportar algunas cuestiones de interés sobre las Islas Canarias en la Antigüedad, un archipiélago estrechamente vinculado a las poblaciones prerromanas norteafricanas, ya que sus primeros habitantes eran descendientes de las etnias que habitaban el Magreb desde Libia a Marruecos, cuando los pueblos mediterráneos iniciaron la ocupación de estos territorios, a finales del siglo IX y principios del VIII antes de la Era, en una etapa posterior a la fundación fenicia de Cartago en la fecha señalada.

Pensamos que para entender estos documentos resulta imprescindible tener muy en cuenta lo que en ellos se recoge de forma explícita. No obstante, es conveniente destacar, asimismo, el contenido implícito que en ocasiones no puede ser entendido de manera correcta, si no se valoran los rasgos de cada uno de los términos que fueron empleados por el autor. Por ello, no solo es importante atender al significado de las palabras en un sentido general, sino, sobre todo, a las especificidades propias del contexto en el que fueron dichas, prestando especial atención a los acontecimientos históricos a los que de manera indirecta se alude en el texto, y que los consideramos imprescindibles para entender realmente lo que en él se contiene. Muchas veces es más importante aún no perder de vista la comparación con hechos similares, acaecidos en momentos lejanos en el tiempo -sin ánimo de establecer comparaciones mecánicas de carácter ahistórico-, y el contexto en el que tuvieron lugar, porque casi siempre aportan alguna luz sobre lo que se analiza, a pesar de que sea muy dilatada la distancia que separa a cada uno de ellos. Estos y otros aspectos los hemos tenido muy en cuenta en el análisis de los párrafos que conforman el texto referenciado, pero sin perder de vista, tampoco, las dudas, siempre presentes, sobre su interpretación. Y aunque muchas veces resulte paradójico, suelen hallarse resueltas en el contexto de lo que ha sido descrito.

Creemos, además, como hemos dicho, que el descubrimiento de las Islas *Afortunadas* debió de haber acontecido en torno al siglo I a.C. y I d.C., debido a las exploraciones de los romanos en una fecha cuya datación de referencia más antigua sería, sin duda, posterior a la destrucción de la ciudad púnica de Cartago, el año 146 a.C., lo que nos sirve para tener la seguridad de que a partir de este momento se inicia, realmente, el conocimiento por los romanos de las costas norteafricanas, como resultado de las diversas expediciones marítimas que se llevarían a cabo. Y de ellas, la más destacada sería, sin duda, la del citado

Periplo de Polibio, que pudo haberse hecho, como hemos visto, unos pocos años después de la destrucción de la ciudad cartaginesa, así como también exploraciones que se harían por tierra, como parece deducirse del conocido *Mapa de Ptolomeo*, aunque de fecha posterior, mediado el siglo II de la Era.

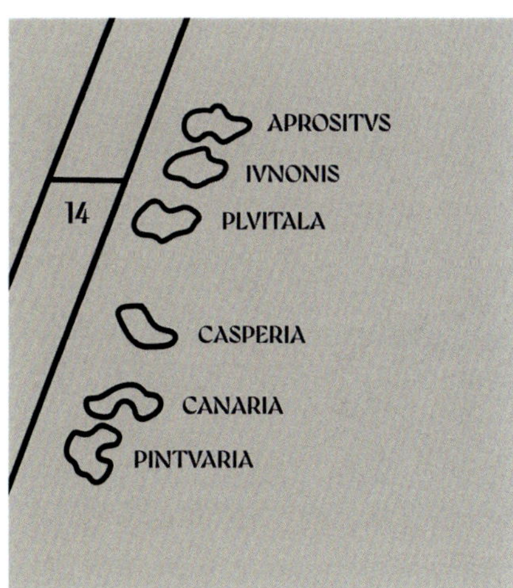

Mapa de Ptolomeo: las Islas Canarias (*Afortunadas o Makaron Nesoi*) se ubican a la izquierda y, frente a ellas, la costa del continente africano. A la derecha, reproducción de las Islas Afortunadas en detalle.

Y aunque no estamos en condiciones de negar que las Islas Canarias pudieran haber sido conocidas con anterioridad a esta fecha por los fenicios y, más tarde, por sus descendientes los púnicos africanos, conviene dejar constancia de que, por el momento, solo se trata de conjeturas hasta tanto no poseamos testimonios más evidentes –con los que hoy no contamos- para afirmarlo de manera contrastada.

Por el contrario, de época romana poseemos el fragmento citado del naturalista latino Plinio el Viejo en el que la mayor parte de la información debió de proceder, con seguridad, de los archivos de Roma y del mapa elaborado bajo la dirección de Agripa, lo cual plantea, entre otros problemas, el intento de armonizar las noticias de Juba con las de Estacio Seboso, por lo que las dificultades de interpretación resultan evidentes, cuando se trata de hacer que ambas fuentes sean coincidentes[64], aunque, como creía P. Schmitt, Plinio pudo haber tomado también esta información de alguna fuente ignorada que se hallaba en otras literaturas de la época.

En todo caso, conviene tener presente que nuestro naturalista había sido destinado por el emperador Vespasiano como almirante de la armada romana, que en ese tiempo se hallaba en el puerto napolitano de *Miseno*[65], circunstancia, sin duda muy destacable, que explica el porqué de sus conocimientos sobre las técnicas de navegación, como se comprueba, entre otros hechos, en la precisión con la que describe el viaje de exploración del marino Estacio Seboso, pero sobre todo, en la expedición mandada a las Islas por Juba II de Mauritania. En ella, como ya hemos señalado, relata el modo de navegar por este mar, la determinación con la que en cada momento nos da cuenta de las distancias que habrían recorrido las naves, la manera de orientarse en el mar, así como la separación de la tierra a la que se encontraban las embarcaciones, destacando siempre aquellos hechos que se consideraban más relevantes y singulares de los lugares que se iban reconociendo, como se aprecia muy bien en el texto aludido, sobre todo la parte elaborada por el rey mauritano.

Uno de esos aspectos, y no el de menor entidad, desde luego, es el referido a las distancias que hubieron de recorrer las naves, ya fuera desde el puerto de Cádiz -en la península Ibérica- o desde Mogador -en Marruecos-, como lo ha contrastado A. Santana y su equipo, además de otros muchos investigadores[66], confirmando de este modo la exactitud de las descripciones que figuran en el texto, a pesar de que sobre esta cuestión exista una cierta confusión derivada de la obra pliniana, en la que se ofrecen las distancias en millas y pasos romanos[67], frente al cómputo tradicional de Estrabón, quien nos lo proporcionó en estadios, al ser el módulo griego de su medida, ya que este autor escribe en dicha lengua[68]. Cabe pensar, asimismo, que pudiera deberse a que aquellos datos derivarían del Mapa de Agripa, de inicios del

[64] A. DÍAZ TEJERA, "Las Canarias en la Antigüedad", en *Canarias y América* (Ed. Morales Padrón), Sevilla, 1988: 14.

[65] P. SCHMITT, "Connaissance des Îles Canaries dans l'Antiquité", *Latomus*, XXVII, 1968: 375.

[66] A. SANTANA SANTANA, T. ARCOS PEREIRA, P. ATOCHE PEÑA y J. MARTÍN CULEBRAS, *El conocimiento geográfico de la costa noroccidental de África en Plinio: la posición de las Canarias*, Zürich-New York, 2002: 230.

[67] *Mille passuum* (milla) equivalía a 1.000 pasos (1.478m).

[68] Un estadio equivalía a 1/8 de milla, 185 m. Según el DLE, una milla equivale a 8 estadios, 187'5 metros. El griego medía entre 177'6 y 192'3 m, con una media de 180 m (184'95 m); el estadio egipcio, usado por Eratósenes, medía 157'5 m, mientras que para algunos autores clásicos llegaba a 222'2 m.

siglo I d.C., o también de la *Diuisio Orbis* y la *Dimensuratio prouinciarum*, aunque en algunos casos pudieron haberse obtenido de algún mapa, donde las distancias se presentarían en línea, debido a la escala en la que fueron expresadas[69].

Todo ello nos ayuda a entender cómo el almirante pudo documentarse en los archivos imperiales, basándose en los diversos informes que le fueran útiles para el buen fin de su misión, lo que ha dado pie a creer, en efecto, que el texto de Juba-Plinio procedería, en buena parte, de los documentos oficiales del estado romano, pero también, y de manera muy destacada, del viaje de exploración del latino Estacio Seboso, además de otros manuscritos perdidos, como el de Eudoxo de Cízico, o algún autor desconocido, según lo ha defendido Díaz Tejera, del que provendría el nombre de la isla *Aprositus* que aparece en el *Mapa de Ptolomeo.*

Este documento ha sido, sin duda, de especial importancia, pues nos ayuda a confirmar el conocimiento temprano de las Islas Canarias en la Antigüedad y nos permite confirmar, además, la existencia de unos primeros exploradores desconocidos, por lo que nos parece muy relevante la precisión que, al respecto, hace el citado Profesor, cuando dice que "Ombrios no tiene nada que ver, lingüísticamente, con *Aprósitos.* Y a su vez, hay que decir que tampoco *Aprósitos* tiene relación con ningún otro nombre dado por Plinio, lo que implica que Ptolomeo, al menos en este punto, conoce una fuente que no es la de Plinio"[70].

El caso de Seboso, de quien poco se ha conservado, posee, sin embargo, el interés de que se trataría del primer nombre seguro del que pensamos podría ser el descubridor de las islas de este archipiélago. El resto de la información del texto pliniano forma parte de otros muchos autores anónimos, como se desprende de la expresión, de contenido ciertamente vago, con la que comienza el texto: *Sunt qui,* "hay quienes, los hay que...", entre otras posibles traducciones con las que, como veremos, principia la narración. No obstante, la información más detallada y de mayor interés se debe a Juba II de Mauritania, ya que formaba parte, seguramente de manera muy destacada, asimismo, de su obra *Sobre Libia* (*Africa*), aunque solo han sobrevivido unos pocos fragmentos en los parágrafos 202-205, del libro VI de la *Historia Natural* de Plinio el Viejo, y aunque no muy abundantes, nos han aportado,

---

69 O.A.W. DILKE, *Greek and Roman Maps,* Londres, 1985: 44-52.

70 ALBERTO DÍAZ TEJERA, *ob. cit.*: 25. Véase, asimismo, J. A. DELGADO, "Las Islas Afortunadas en Plinio", *Revista de Historia,* 69 (1945): 26-61.

sin embargo, la mayor y más rica información sobre estas islas con la que éste pudo complementar la del rey mauritano que daría cuenta de la expedición mandada a iniciativa de Roma, a quien pertenecían estas tierras, por hallarse dentro de su órbita de actuación político-territorial, con lo que el príncipe númida podría unificar así los diferentes territorios pertenecientes a la Mauretania.

Una cuestión previa que, asimismo, conviene tener en consideración sobre el texto de Plinio, es que para su debida comprensión hemos considerado oportuno que el análisis no se circunscribiera únicamente a los parágrafos citados, donde se contiene el núcleo esencial sobre las Islas *Afortunadas*, sino que hemos tenido en cuenta, también, los que le preceden. En ellos se encuentran diversas alusiones a islas que, en este caso sí, y, con buen criterio, se les ha atribuido el apelativo certero de míticas o fabulosas, puesto que su vínculo con sitios reales o, dicho de otro modo, la interdependencia de la geografía mítica y la geografía real, ha sido en buena parte la antesala del avance científico, ya que, como en tantos otros hechos de la historia humana, en muchas ocasiones lo imaginado se adelantó a la realidad. Y a medida que los navegantes mediterráneos fueron explorando y descubriendo paulatinamente las tierras del Occidente más extremo, estos lugares se fueron reconociendo poco a poco como geografía real, hasta que terminaron por confundirse con los espacios fabulosos que habían sido recreados en sus mitos, como así fue reconocido desde la Antigüedad, entre otros por Estrabón, Plinio el Viejo o Plutarco.

Los avances desarrollados en la navegación desde mediados del segundo milenio antes de la Era, contribuyeron, a medida que se descubrían islas y tierras hacia el Ocaso, a que se fueran alejando y situándose en otros puntos extremos de la tierra, hasta que finalmente se ubicaron en el *mar Exterior*, en el gran Océano, que había sido desde siempre un lugar ignoto e inaccesible. Y como la ampliación del Occidente y del mundo conocido fue precedido por el mito y la ficción, nuevamente la realidad superaría a la fantasía, y otras islas se habrían de sumar a las que se iban conociendo en el Mediterráneo, por lo que sin tener en cuenta ese aspecto no es posible, a nuestro juicio, entender el porqué de la existencia en estos párrafos de la isla *Ombrios*, como ha sido bien estudiado en los trabajos de Alberto Díaz Tejera y Alicia García García. Sin embargo, en el fragmento del texto atribuido a Estacio Seboso figura, por el contrario, con el término *Pluvialia*, porque el periplo de este autor estaba escrito en latín, y no en griego, lengua en la que, en cambio, figuraba en el fragmento original de la obra con aquella denominación, atribuida al rey Juba II de Mauritania, como hemos dicho.

Estas fuentes proceden de otros tantos "periplos", como así parece desprenderse de lo relatado, según el modo en el que fueron descritos por Plinio y que hemos desglosado de la forma siguiente:

- El párrafo señalado con el número 1 pudiera proceder de algunas de las expediciones que se hicieron por la costa atlántica africana que habrían contribuido al descubrimiento de las denominadas, primeramente, Islas *Afortunadas.*

- El párrafo señalado con el número 2 resulta evidente que es deudor del periplo de Estacio Seboso, de quien conocemos unas cuantas referencias que formarían parte de su extensa obra, y del que se han conservado unos pocos datos que fueron aportados por Plinio[71].

- Y el que aparece en último lugar, número 3, forma parte del núcleo sustancial del texto, originario de la obra de Juba II, como ya ha quedado dicho.

Presentamos, a continuación, el fragmento completo conservado del texto de Plinio dividido en las tres partes citadas, con el fin de que se pueda observar que la información sobre las *Afortunadas* procede, como decimos, de otros tantos periplos, de manera que resulte más accesible y facilite su comprensión.

Junto a este fragmento, presentamos el texto latino de las ***Fortunatae Insulae*** (Plin. *Nat.* 6. 202).

[71] A. DÍAZ TEJERA, 1988: 14; J. A. DELGADO DELGADO, "Canarias en la antigüedad como problema histórico", *Tabona. Revista de Prehistoria y de Arqueología*, 19 (2011-2012): 9-23.

“

1.- Hay quienes opinan que más allá de éstas [las **Purpurarias**] están las **Afortunadas** y algunas otras,

2. [entre las cuales, el mismo] **Seboso**, que expresó también las distancias, asegura que **Junonia** dista de Cádiz 750.000 pasos y que a otros tantos en dirección al Ocaso están **Pluvialia** y **Capraria**; que en Pluvialia no hay otra agua que la de lluvia; que a 250.000 pasos de éstas se encuentran las **Afortunadas** enfrente del costado izquierdo de Mauretania en el rumbo de la octava hora del Sol, que se llaman **INVALLIS** por su suelo ondulado y **PLANASIA** por su aspecto, que el contorno de Invallis es de 300.000 pasos y que en ella crecen árboles de una altura de ciento cuarenta pies.

3.- **Juba averiguó sobre las Afortunadas lo siguiente**: que también están **situadas bajo el Mediodía cerca del ocaso a 625.000 pasos de las Purpurarias, de suerte que hay que navegar por encima del ocaso 250.000 pasos y a continuación se busca el orto durante 375.000 pasos**; que la primera, sin rastro alguno de edificios, se llama **OMBRIOS**; que tiene entre los montes un pantano artificial y unos árboles parecidos a la cañaheja de los que se obtiene agua exprimiéndolos, de los negros amarga y de los más blancos agradable de beber; que la segunda isla se llama **JUNONIA** y en ella hay un templecillo construido únicamente con una sola piedra; que muy cerca está la isla menor del mismo nombre y a continuación viene **CAPRARIA** plagada de lagartos; que a la vista de ellas está **NINGUARIA** que ha recibido este nombre de sus nieves perpetuas, cubierta de nubes, que la más cercana a ésta se llama **CANARIA** por la cantidad de canes de enorme tamaño, de los cuales se le trajeron dos a Juba; que en ella aparecen vestigios de edificaciones; que, si bien todas abundan en cantidad de frutas y de aves de toda clase, ésta asimismo abunda en palmeras productoras de dátiles y en piñas piñoneras; que hay también abundancia de miel y que se dan también el papiro y esturiones en los ríos; que estas islas están infestadas de animales marinos en putrefacción, que la marea arroja a tierra continuamente.

sunt qui ultra eas Fortunatas putent esse quasdamque alias, quarum <e> numero idem Sebosus etiam spatia complexus Junoniam abesse a Gadibus $\overline{DCCL}$ p. tradit, ab ea tantundem ad ocassum versus Pluvialiam Caprariamque ... ab iis $\overline{CCL}$ Fortunatas contra laevam Mauretaniae in VIII horam solis, vocari Invallem a convexitate et Planasiam a specie ... Juba de Fortunatis ita inquisivit: sub meridiem quoque positas esse prope ocassum, a Purpurariis $\overline{DCXXV}$p., sic ut $\overline{CCL}$ supra ocassum navigetur, dein per $\overline{CCLXXV}$ ortus petatur. primam vocari Ombrion nullis aedificiorum vestigiis; habere in montibus stagnum; arbores similes ferulae, ex quibus aqua exprimatur, e nigris amara, ex candidioribus potui iucunda. alteram insulam Iunoniam appellari; in ea aediculam esse tantum lapide exstructam. ab ea in vicino eodem nomine minorem; deinde Caprariam, lacertis grandibus refertam. in conspectu earum esse Ninguariam, quae hoc nomen acceperit a perpetua nive, nebulosam. proximam ei Canariam vocari a multitudine canum ingentis magnitudinis, ex quibus perducti sunt Jubae duo. apparere ibi vestigia aedificiorum. cum omnes autem copia pomorum et avium omnis generis abundent, hanc et palmetis caryotas ferentibus ac nuce pinea abundare; esse copiam et mellis; papyrum quoque et siluros in amnibus gigni; infestari eas beluis quae expellantur adsidue putrescentibus.

”

III.2. Navegando por el Atlántico africano

Con el fin de entender, debidamente, el texto que analizaremos en los próximos apartados, nos ha parecido oportuno hacer referencia a una serie de datos, relativos a la navegación por el océano Atlántico en la Antigüedad. Aspectos todos que debieron de ser tenidos muy en cuenta en las diferentes exploraciones que se realizarán durante el siglo I a.C. y, de manera específica, en la segunda mitad de esa centuria, periodo del que ya poseemos, como se verá, una información bastante precisa sobre las *Afortunadas.*

En cuanto a la navegación por las riberas atlánticas en una etapa anterior a la que harían los romanos, conservamos un buen ejemplo de cómo se pudo hacer parte de esa ruta, según se describe en los primeros parágrafos del conocido periplo fenicio-púnico de *Hanón* que, a nuestro parecer, se llevaría a cabo en torno al siglo VII a.C., cuando hicieron su recorrido por la costa norteafricana. En él figuran una serie de lugares que son una muestra evidente de este modo de navegar, como sucede, asimismo, en las descripciones que, del mismo modo, conocemos por el litoral mediterráneo en la *Ilíada* y la *Odisea.*

No obstante, pensamos, igualmente, que para entender algunas cuestiones de la navegación por las orillas del continente africano convendría hacer uso, además, del modo en el que Colón describe los problemas de esta travesía que se inició, como es bien sabido, en el puerto onubense de Palos (Huelva), el viernes 3 de agosto de 1492, y el martes 7 ya se hallaba en demanda de la isla de Lanzarote por los problemas causados a la carabela Pinta. Este recorrido que el almirante genovés conocía bien, desde mucho antes de llevar a cabo este derrotero, lo hizo costeando cuanto le fue posible, como del mismo modo lo recomendaba el azoreano Gaspar Frutuoso[72], cuando dice que a los marineros se les había dado "orden de que en el Océano navegasen cerca de la costa de África"[73], con lo que a partir de esta ruta alcanzarían la isla de Lanzarote, desde la que se podían orientar con facilidad en busca de las otras del Archipiélago, siguiendo así la misma derrota que habían hecho los franconormandos en 1402. Es de suponer, igualmente, que los genoveses hermanos Vivaldi debieron de intentarlo en 1291 y, desde luego, su paisano Lancelotto Malocello, en el primer tercio del siglo XIV.

---

72 GASPAR FRUTUOSO, *Las Islas Canarias (de "Saudades da Terra")*, 1964: 95.

73 GASPAR FRUTUOSO, en el apartado, "Lo que se dice de los lenguajes de estas Islas Canarias".

De la navegación en época romana, a la que en esta ocasión interesa referirnos, no poseemos, en cambio, datos tan precisos como los señalados, pero nos parece relevante la información de Gaspar Frutuoso[74], cuando dice que al columbrar las *Afortunadas* -Lanzarote y Fuerteventura, como veremos-, ya se encontraban en la ruta de este Archipiélago, y les sería fácil reconocer las otras islas. Se trata, pues, de una referencia muy precisa que debe ser tenida en cuenta para entender la que es de suponer se haría, del mismo modo, en época romana.

Con relación al Descubrimiento de estas islas en la Antigüedad, existen una serie de factores de carácter histórico y político que, sin duda lo favorecieron, como veremos. Y resulta obvio pensar, además, que el desarrollo y la comprensión de este tema requiere, sin duda, de un estudio detallado sobre el tipo y las características de las naves que serían utilizadas, así como todo lo relativo a las condiciones de navegación por el Atlántico en donde se hubo de usar embarcaciones a vela y a remo. Tema complejo, sin duda, que obliga a la necesaria participación de distintos investigadores, por lo que aquí solo haremos una serie de referencias muy generales hasta tanto se hagan tales trabajos. Muchas de las cuestiones a las que aludimos, fueron elaboradas por el profesor de la Universidad de La Laguna, Antonio Ceferino Bermejo Díaz, en un estudio inédito, *Los problemas de la navegación a vela por las costas atlánticas africanas.* Hemos manejado, asimismo, el Trabajo de Fin de Máster de Diego Gaspar Rodríguez, presentado en la Universidad de Granada el año 2015[75], *El desarrollo de la navegación antigua en la costa noroccidental africana durante el Primer Milenio a.C.*, así como la información elaborada por la profesora Carmen Alfaro Giner y Vicente Peris Boscá de la Universidad de Valencia, *La Navegación Romana. Historia Económica y Técnica del Mundo Antiguo,* de enero de 2017[76].

Estudiaremos, a continuación, los problemas de la navegación por esta costa, así como el tipo de embarcaciones que pudieron haber utilizado, haciéndonos, previamente, idénticas preguntas a las planteadas por el profesor

---

74 GASPAR FRUTUOSO, *Ibidem.*

75 Véase también: "La Navegación en la costa noroccidental africana: aspectos técnicos", *Arqueología y Territorio,* nº 12, 2015: 133-149. *Revista del Máster de Arqueología.* Universidad de Granada.

76 S. JORGE GODOY, *Navegaciones por la costa Atlántica africana y por las Islas Canarias en la Antigüedad.* Viceconsejería de Cultura y Deportes. Gobierno de Canarias, 1996; G. CHIC Y GARCÍA, "Medios y modos del transporte marítimo en época antigua", en *Fortunatae Insulae, Canarias y el Mediterráneo,* Organismo Autónomo de Museos y Centros del Cabildo de Tenerife, del 15 de octubre de 2004 al 9 de enero de 2005: 49-59.

Bermejo, en el sentido de si sería "factible con los medios existentes en la Antigüedad, efectuar navegaciones entre la costa noroccidental africana y las Islas Canarias, y retornando luego al Continente". En opinión de este profesor, experto en navegación a vela, así como por sus estudios y experiencias en el mar, concluía que dicho acontecimiento, sin duda relevante e imprescindible para entender la primera Historia de Canarias, fue ciertamente posible. Y por nuestra parte añadiremos que, aunque la navegación de vuelta desde las islas hasta conseguir de nuevo la costa norteafricana más al norte no sería fácil, sabemos, sin embargo, que finalmente se pudo realizar porque la expedición mandada por Juba II regresó al norte de África, como también las que se habían hecho con anterioridad, entre ellas, la de Estacio Seboso que había precedido a la enviada más tarde por el rey mauritano.

Para entender algunos de los problemas derivados del conocimiento de la ribera atlántica de África en la Antigüedad, nos ha parecido necesario plantear una serie de cuestiones relativas a la navegación a vela, sobre todo a partir de Mogador-Essauira –en la costa marroquí-, por creer que sin tener en cuenta estos factores, no es fácil comprender en su integridad, no solo las dificultades derivadas de este complejo derrotero, sino porque sin un buen análisis de dichas cuestiones no parece posible entender por qué les debió de resultar tan complicado a los navegantes mediterráneos internarse en esta parte del continente. A esto se unían los inconvenientes para asentarse en las costas africanas que fueron, a no dudarlo, un problema complementario de mucha envergadura, debido a las difíciles condiciones que hacían muy complicada su posible ocupación, entre otros factores, por la inhóspita cercanía del desierto del Sahara, y por la dificultad añadida para conseguir agua destinada al abastecimiento si les era necesario.

A ello ya se había referido R. Mauny, en diferentes trabajos sobre las navegaciones preportuguesas en las costas del continente, como también la enorme dificultad con la que hubieron de enfrentarse para remontar las costas del Sáhara Occidental, desde Senegal al cabo Bojador, a causa del régimen de corrientes y vientos que soplan invariablemente en dirección sur, y el carácter desolado de sus costas. Esto es lo que explicaría por qué los navegantes árabes, en la Edad Media, no pasaron jamás del Cabo Nun hacia el Sur, hasta tanto los portugueses resolvieron más tarde este problema, mediante la navegación de la vuelta, adentrándose en el interior del Atlántico, haciendo uso de la conocida "volta pelo largo". Efectivamente, entre el cabo Juby y Cabo Blanco, que cubre una distancia de unos ochocientos cincuenta kilómetros, no viene viento del sur en ningún momento del año, sino que son dominantes los del norte.

Por otra parte, el uso del remo como sustitución de la vela es muy complejo, debido a las corrientes marinas que lo hacían también de norte a sur, por lo que la única manera de remontar con viento contrario es la de ir barloventeando, a pesar de que, según Mauny y sus partidarios, el velamen y el timón antiguo no permitían hacerlo en modo alguno. Sin embargo, los marinos profesionales que igualmente consideran muy difícil la vuelta, entienden que sí se puede llevar a cabo, aunque sea solo como un hecho excepcional, excluyéndose, por tanto, una navegación regular, por lo que nos detendremos en la explicación de esta forma de navegar que consideramos de sumo interés, debido a la dificultad dc quc un barco, recibiendo el viento por la amura -por sus costados- pueda desplazarse avante si lo tiene en su contra.

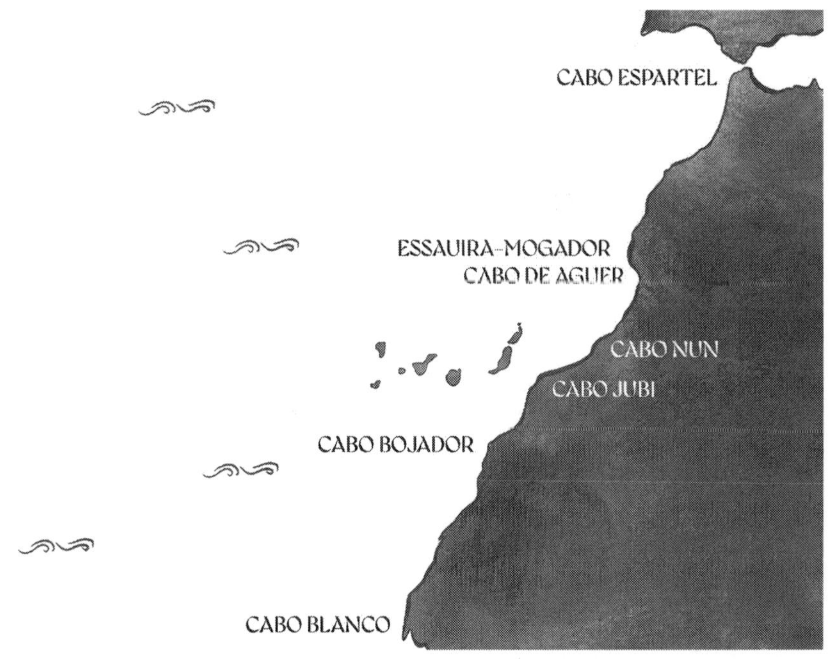

Costa occidental africana.

Hemos visto que, en apariencia, son muchas las facilidades para alcanzar las islas navegando de norte a sur. Sin embargo, lo verdaderamente difícil sería el viaje de retorno, debido a que los factores meteorológicos y oceanográficos son contrarios para hacer el retorno durante la práctica totalidad del año, y especialmente en el verano. Como complemento a lo dicho, cabe recordar las recomendaciones sobre la navegación antigua en el Mediterráneo que fueron aportadas por el poeta Hesíodo, autor del siglo VII a.C., quien en los versos 619 al 694 de su obra *Los trabajos y los días*, nos da cuenta de la época propicia para navegar[77], ya que "Si se te despierta el deseo de la arriesgada navegación, te advierto que cuando las Pléyades huyendo del forzudo Orion caigan al sombrío ponto entonces soplan ráfagas de toda clase de vientos y entonces, acuérdate, ya no debes tener las naves en el vinoso ponto, sino trabajar el campo recordando mis consejos", de manera que los más adecuados eran los cincuenta días que preceden a la caída de las *Pléyades*[78]: "cincuenta días después del solsticio, cuando toca a su fin el verano, fatigosa estación, se ofrece a los mortales una buena época para navegar; y no harás pedazos tu nave ni el mar acabará con tus hombres si benévolo Posidón que sacude la tierra o Zeus rey de los Inmortales, no quieren destruirlos; pues en ellos se encuentra el término juntamente de bienes y males. Entonces son favorables las brisas y el ponto, seguro". Por todo ello, el periodo más favorable para navegar iría desde finales de julio hasta mediados de septiembre[79].

Con velas cuadras (cuadradas), solo se consigue la propulsión cuando el viento se recibe a popa del través, es decir, a un largo por la aleta, y en popa cerrada. Sin embargo, cuando el viento se recibe a proa del través la propulsión se hace imposible con velas cuadras y se tendría que recurrir a aparejar velas latinas o de cuchillo para navegar en ceñida, que se conoce popularmente como "barloventear", "dar bordadas" o "navegar de bolina". Este sistema de navegación al través se hacía de manera frecuente, aunque no se conoce con anterioridad al siglo IX de la Era, por lo que hemos de suponer la necesidad de modificar la forma de aparejar una vela cuadrada, con el fin de transformarla en un rudimentario velamen triangular para navegar de ceñida. Esta modificación consistiría en afirmar en la proa uno de los extremos de la percha de la vela cuadra y luego recoger la vela sobrante sobre la banda. Naturalmente que no se alcanzan los mismos efectos que con una vela

77 HESÍODO, *Obras y fragmentos*. Introducción, Traducción y Notas de Aurelio Pérez Jiménez y Alfonso Martínez Díez, Biblioteca Clásica Gredos, Madrid, 1983, 13.

78 HESÍODO, *ob. cit.*

79 S. JORGE GODOY, *ob. cit.* 1996: 115.

latina, pero se podía seguir navegando cuando los vientos fueran contrarios al destino deseado. Este tipo de navegación ofrecía múltiples problemas porque ralentizaba la velocidad de la nave y su control se hacía más complejo, siendo necesaria una enorme coordinación entre los tripulantes para "cazar el viento"[80]. No es de extrañar, por ello, que esta maniobra se emplease solo en caso de extrema necesidad, como bien da cuenta Estrabón al relatar el viaje de Posidonio desde Italia hasta la península Ibérica (3.2.5)[81].

La "navegación de bolina", por lo tanto, podía ser una ayuda complementaria para solucionar pequeños contratiempos, o también como último recurso, pero en ningún caso un modo habitual de navegar. En efecto, los textos literarios prueban que se podía barloventear con una vela rectangular, siendo posible ir de Alejandría a Atenas contra los *Etesios* –vientos fuertes del norte-, aunque conviene tener en cuenta que, aun siendo factible para las embarcaciones, como hemos señalado, no les resultaba fácil resguardarse en la costa africana porque desde el cabo Bojador hasta Agadir la orilla es baja, arenosa y muy peligrosa, sin posibilidad de encontrar zonas de refugio, como en general en la costa atlántica marroquí, comprendida entre el Cabo Espartel y el Río Draa, que tampoco es nada hospitalaria por ser muy rectilínea y tener playas que se consideran peligrosas debido a sus rompientes, que no permiten el desembarco durante mucho tiempo[82]. Las zonas de abrigo tampoco son muy apropiadas, de manera que solo las desembocaduras de los ríos ofrecen lugares aptos para refugiarse, siempre y cuando no existan barreras naturales que lo impidan.

Los vientos tienen, asimismo, una importancia capital en esta zona, navegando a vela o a remo. A partir del estrecho, las corrientes son constantes desde Europa hacia el Golfo de Guinea, Sudamérica y África del Sur. Soplan habitualmente desde Gibraltar hasta Dakar, pero su régimen no será el mismo a lo largo de toda la costa occidental; soplarán del SO o NO al Norte -sobre todo en invierno- y los alisios del NE al Sur -especialmente en verano[83]-. Otra peculiaridad son las brisas de tierra y de mar que soplan de noche, las primeras; y de día, las segundas. Su intensidad puede ser variable y, por su-

---

[80] S. MEDAS, *De rebus nauticis: L´arte della navigazione nel mondo antico*, L´Erma di Bretschneider, Roma, 2004: 183.

[81] Esta información procede de los trabajos de Diego Gaspar Rodríguez que se encuentra en las obras arriba referenciadas.

[82] A. LUQUET, "Contribution à l'atlas archéologique du Maroc. Le Maroc punique", *BAM*, 9 (1973-75): 277-328.

[83] R. MAUNY, "La Navigation sur les côtes du Sahara pendant l'antiquité", *REA*, 57 (1955): 92-101.

puesto, afecta a la navegación. En verano son frecuentes, también, las calmas que alternan con estas brisas, especialmente al sur, hacia Agadir.

En cuanto a las corrientes marinas, la que afecta a esta zona es la corriente fría de Canarias que viene desde el Cabo de San Vicente (en la costa suroeste de Portugal) hasta Cabo Blanco, en Mauretania. Forma parte del sistema anticiclónico de corrientes del Atlántico Norte que transporta agua cálida al continente europeo, pero al girar parcialmente hacia el sur, frente al Golfo de Vizcaya, comienza a enfriarse paulatinamente en términos relativos, a medida que la latitud disminuye, ya que el agua que transporta es más fría con relación a las oceánicas adyacentes que llevan generalmente dirección SSW, presentando distorsiones en las proximidades de la costa, y cuando se encajona entre islas se pueden observar corrientes paralelas a la costa de algunas como Tenerife, Lanzarote y Fuerteventura, que las circundan en el sentido de las agujas del reloj. En términos generales podríamos afirmar que tiene una intensidad de unos 0,6 nudos en mar abierta y de algo más de un nudo en canales entre islas. El que separa Canarias de Cabo Juby puede alcanzar, a veces, empujada por ellos, una velocidad entre 5 y 6 nudos, por lo que su incidencia sobre la costa no siempre será la misma.

Entre el Cabo Juby y la Saguia el Hamra, la corriente se mezcla con otra, procedente del Ecuador, e incide en la navegación: en otoño y primavera los vientos del sur hacen que la corriente tome dirección norte, facilitando el acceso a las islas desde más abajo de los 28° de latitud. En invierno, los vientos son del NO y la corriente sigue al sur con lo que, con fortuna, se podría arribar al Archipiélago. Si el tiempo es del SO y la corriente va hacia el NE se podrían alcanzar las playas de Fuerteventura y Gran Canaria.

Entre los meses de abril y septiembre, el Anticiclón de las Azores suele estar centrado en dicho Archipiélago, lo cual ocasiona que la circulación general del viento traiga hasta Canarias vientos frescos y húmedos, prácticamente permanentes, con una dirección de componente N y NE, conocidos como alisios. Su intensidad es apreciable, sobrepasando los 20 nudos de velocidad. Durante el otoño y la primavera estos vientos también predominan la mayoría de los días, siendo más frecuentes en otoño e invierno que durante el verano, momento en el que la situación se ve modificada. Estas alteraciones no acostumbran a durar más de una semana y suelen ir seguidas de una calma relativa, más o menos breve, y una posterior reaparición del régimen de los alisios.

Con carácter general, podemos decir, pues, que los vientos son más variables en otoño e invierno que en verano, estación esta última donde son más intensos, predominando las direcciones Norte y Nordeste. Se observan más días de calma en otoño e invierno que durante el verano cuando las calmas son inexistentes. Si este fenómeno ocurre, en otoño no suele pasar de fuerza 3. La corriente oceánica de Canarias fluye con el mismo rumbo a lo largo de todo el año, siendo su intensidad ligeramente superior en verano. Como vemos, estas conclusiones extraídas de datos estadísticos de unos 200 años, coinciden con el comportamiento actual de la meteorología de nuestras aguas, lo cual nos permite, de forma hipotética, hacerlas extrapolables también a la Antigüedad.

Otro aspecto que puede alterar la dirección de la corriente es la gran profundidad del suelo oceánico existente entre las islas, superior a los 3000 m, por lo que a poca distancia de la costa, la navegación se vuelve pronto de altura. En islas como Lanzarote y Fuerteventura que presentan una pequeña plataforma, pueden producirse cambios, debido al efecto de las mareas que crean corrientes locales contrarias a la general.

Al interceptar las islas de orografía elevada, la dirección general de la corriente crea zonas de calmas al S y SO, como Colón tuvo ocasión de comprobar cuando se vio atrapado durante tres días entre La Gomera y Tenerife, en 1492, en el Viaje del Descubrimiento. Los vientos alisios soplan, sobre todo, en primavera y verano, que era, como hemos dicho más arriba, el periodo que en la Antigüedad se consideraba propicio para la navegación. La visibilidad al norte de las islas no suele ser muy buena en esta época, porque los vientos aportan mucha nubosidad, especialmente en las más montañosas. La calima que provoca el polvo en suspensión, procedente de África, también dificulta la visión, aunque los peligros más importantes para la navegación se encuentran cerca de la costa, sobre todo en las salidas de los barrancos que actúan como chimeneas por donde bajan las corrientes encajonadas, lo que ha provocado numerosos naufragios hasta fechas recientes.

Con lo dicho, pretendemos dar contestación a una serie de preguntas sobre por qué resultó tan difícil la navegación por el Atlántico africano, así como también si era factible con los medios existentes en la Antigüedad, efectuar navegaciones entre la costa noroccidental africana y el archipiélago canario, ya que, como hipótesis de trabajo, se ha planteado la posibilidad de un intercambio frecuente entre el norte de África y Canarias, sobre el que se supone existió un tráfico entre las islas y el continente, aunque esas cuestiones están faltas aún de ser analizadas con mayor detalle.

Durante mucho tiempo se pensó que los marinos antiguos solo sabían navegar haciendo cabotaje por la costa. Actualmente se les reconoce mayor capacidad de navegar en mar abierto, e incluso de noche, como queda expresado en la *Ilíada* de Homero, en donde aparecen datos sobre ello, pero siempre que se trate de recorridos conocidos y en mares con mejores condiciones que el Atlántico. Los barcos eran pequeños, generalmente de velas y de remos, ya que pocos rebasaban las 230 toneladas; un *pentecóntero* –de cincuenta remos- tenía que llevar más de 100 remeros con la gente sentada sobre la carga. Por eso, casi siempre viajaban en jornadas diurnas de unas 60 millas y cuando se fondeaba, la gente bajaba a tierra para descansar[84].

La mayor parte del trayecto se haría a vela -la tradicional vela cuadrada-, utilizándose los remos únicamente en caso de necesidad o en las maniobras de entrada a puerto. En ocasiones, los remeros eran capaces de hacer largas distancias sin descansar. Una nave hizo en el año 427 a.C., un trayecto de 345 km entre Atenas y la isla de Lesbos, en unas diez horas menos que el transbordador que lo hace actualmente. Esto supone una media de nueve nudos, unos 16,6 km por hora. Y aunque esta proeza se hizo para evitar la orden de ejecución de la población de Mitilene, nos sirve para ilustrar las posibilidades que estas naves podrían llegar a tener[85]. Se ha calculado que la velocidad media de navegación era de unos 10 km por hora. Basándose en ello se han realizado una serie de cálculos para averiguar cuánto se tardaba en realizar algunos viajes: por ejemplo, entre Cartago y Gibraltar se haría en 7 días; Egipto-Creta en 4 días, o Cartago-Roma, más o menos en tres días. Desde Tiro hasta la península Ibérica se tardaría unos 60 días, casi el periodo óptimo de navegación.

Un hecho que desempeñó, sin duda, un papel igualmente destacado, es el de la ubicación de este Archipiélago respecto del continente, sobre todo, por la proximidad de las islas orientales a la cercana costa africana –Fuerteventura se halla a unos 105 km-, así como por la escasa distancia que separa la isla de Lanzarote de Mogador (Essauira, Marruecos) –el finisterre de los asentamientos romanos en la costa norteafricana-, que no sobrepasa los 430 km. La travesía norte-sur, según el régimen de vientos, permitía llegar incluso hasta Cabo Blanco, sin apenas dificultad, **y a la altura de Cabo Juby (Tarfaya) ya sería posible avistar las costas del archipiélago canario**. Estas y otras muchas razones explican por qué fue el único de los cuatro archipiélagos de la Macaronesia –del que forman parte, además, las Azores, Madeira y Cabo

[84] Para ello, además de un barco de carga, y otros de reconocimiento, que veremos citados por Estrabón (2.3.4) en el Periplo de Eudoxo, llevaban dos cárabos o lanchas para el desembarco.
[85] V. FOLEY Y W. SOEDEL, "Ancient Oared Warships", *Scientific American*, abril, 1981: 111.

Verde-, que se hallaba habitado desde la Antigüedad, cuando los europeos lo redescubrieron, con seguridad, en el primer tercio del siglo XIV.

Quizá fuera esta ruta oriental -la de Lanzarote y Fuerteventura-, la primera de las dos utilizadas que permitieron conocer las Islas Canarias en el pasado, ya que también era posible, como veremos al analizar el texto de Juba II, que se podía navegar en dirección suroeste, de modo que a 40 leguas marinas de Mogador, unos 222,24 km de recorrido, ya se avistaba el pico del Teide, travesía sobre la que ha existido una gran discusión, aunque siguiendo el texto referenciado de Plinio el Viejo resulta fácil comprobar que la derrota de occidente, que se iniciaba en las islas de La Palma, La Gomera y El Hierro, fue, con seguridad, la más utilizada por los primeros descubridores de estas islas.

Una lectura detenida de lo que se ha conservado en el texto que analizaremos, nos permite deducir que fue, en efecto, esa segunda ruta por occidente la que siguieron las naves hasta alcanzar las restantes islas del Archipiélago, al ser estas las que se avistaron, en primer lugar, como así lo había defendido J. Álvarez Delgado, y sobre lo que han incidido A. Santana Santana y los componentes de su equipo de investigación[86]. Consideran que el periplo de Juba II, tras haber partido de Mogador, debió de abordarlas primeramente por La Palma[87], como decimos, hasta alcanzar más tarde Tenerife y Gran Canaria, travesía que es, en efecto, la descrita de forma muy precisa en el texto de Juba, y en la que la visión del Teide debió desempeñar en este recorrido un papel importante, puesto que, como es bien sabido, los navegantes han comprobado que se columbra desde una distancia bastante lejana, sirviéndoles de referencia para marcar la orientación y el rumbo que habrían de seguir, después de partir de la costa marroquí en Essauira-Mogador y adentrarse en el mar. Debieron conocerla con bastante exactitud, entre otras cosas, porque es más segura que la del costeo por el litoral africano, ya que en la navegación antigua era frecuente contar, siempre que fuera posible, con un accidente singular que les sirviera de guía, a partir del que tenían la seguridad de que se podría alcanzar el lugar al que se dirigían las naves de una expedición, por lo que el Teide actuaría aquí como faro a partir del que orientarse, según se desprende del texto de Plinio cuando se dice que "... **a la vista de ellas está**

[86] A. SANTANA SANTANA, *et al.*, 2002, *ob. cit.*: 256-261.

[87] Se trata de una ruta eficaz frente a aquella que vendría costeando el continente, maniobra dificultosa por las calmas y los corredores interinsulares que entorpecen sobremanera la navegación.

Ninguaria, siempre cubierta de nieblas y que recibió tal nombre de las nieves perpetuas"[88].

La imagen descrita sobre esta isla pone el énfasis en el modo en el que esta masa enorme se podría observar en la lejanía, debido a su altitud, al sobresalir por encima de las nubes, ya que además de otras connotaciones de este dato, que se halla recogido en el texto, resulta evidente que se trata de una referencia de la que se puede deducir que pudo servir de orientación precisa para confirmar que se hallaban dentro de la derrota que habrían de seguir para ubicarse en el entorno de las *Islas Afortunadas* (Canarias).

Tenerife vista desde Gran Canaria. El Teide puede observarse a unos 370 km.

[88] V. BEJARANO, 1987, *ob. cit.*: 136.

Este faro natural les ayudará, sin duda, a acercarse a las islas, como así ha sucedido desde siglos, de modo que se puede navegar teniendo en lontananza esa orientación segura y precisa que les permitiría acercarse a ellas, del mismo modo que también favoreció la navegación durante toda la Edad Moderna. Su visión desde el mar, mientras se navega, está en relación con las características y el tipo de embarcación, pero depende, en buena medida, de las condiciones atmosféricas. Un observador que se halle en el puente de un galeón (5 m) y quiera ver la base del Teide, es decir, todo el edificio (2500 m), tendría que situarse a una distancia aproximada de unas 108 millas, equivalente a 201 millas náuticas (1.852 m), esto es, aproximadamente a unos 370 km. Por ello, los marineros que informaron al veneciano Cadamosto sobre la visión del Teide, les aseguraron que se podía divisar a unas sesenta o setenta leguas españolas, "que equivalen aproximadamente a unas doscientas cincuenta millas de las nuestras, pues en medio de ella se eleva un monte en forma de diamante que es altísimo y arde continuamente", y los cristianos que habían sido prisioneros en la isla afirmaban que la montaña medía "de la base a la cima, quince leguas portuguesas, es decir, sesenta millas italianas de las nuestras"[89].

Esta ruta podría coincidir, a nuestro juicio, con la descrita en el texto de Juba-Plinio, cuando en él se dice que para llegar a estas islas, conviene saber "que están situadas hacia mediodía y cerca del ocaso, a 625 millas de las Purpurarias a condición de que, primero se navegue una distancia de 250 millas en dirección norte-poniente y, después, se viaje a otra distancia de 375 millas en dirección naciente"[90]. Plinio, en efecto, siguiendo a Juba II ubica, de forma precisa, la posición de las *Afortunadas* cuando las sitúa a 250.000 pasos (375 km), "desde estas" (*Pluialia* y *Capraria*) y un acimut con puntos de origen, posiblemente en Gades, marcado por la octava hora solar (S50ºO). Plinio vuelve a dar también la posición de las *Afortunadas* al situarlas *al mediodía cerca del Ocaso, a 625.000 pasos* (937,5 km) *de las Purpurarias, navegando 250.000 pasos* (375 km) *sobre el Ocaso y dirigiéndose luego al Orto 375.000 pasos* (562,5 km). Así pues, según A. Santana[91], el itinerario a las *Afortunadas* que siguió esta expedición, se debió de realizar para dirigirse hacia la octava hora del sol (S50ºO) desde Mogador, un primer tramo de 375 km sobre el Ocaso,

[89] E. AZNAR VALLEJO, D. CORBELLA DÍAZ, A. TEJERA GASPAR, *Los viajes africanos de Alvise Cadamosto (1455-1456)*, 2017: 26.

[90] Las referencias proceden de los parágrafos 202-205 del libro 6 de la *Historia Natural* de Plinio el Viejo.

[91] A. SANTANA SANTANA *et al.*, *El conocimiento geográfico...*, *ob. cit.*, p. 269.

con rumbo entre S70ºO y el Oeste en navegación subparalela a la latitud de Mogador, hasta la Baja de Dacia, a partir de la cual varió el rumbo hacia el Ocaso invernal, S70ºO, durante 562,5 km hasta llegar a la isla de La Palma.

Esas 250 millas equivalen a unos 375 km, la distancia aproximada que existe desde La Palma hasta Lanzarote y Fuerteventura, de manera que tanto aquella como la ubicación al suroeste de la costa izquierda del litoral africano, no parecen dejar dudas de que se trata de las dos islas orientales, a las que en el texto se singulariza con los nombres de *Invallis* y *Planasia*[92], la primera denominada así por sus características físicas, de la que destaca la superficie ondulada, y *Planasia*, que también recibe su denominación por su forma[93]. Así pues, de estos datos podemos deducir que se trata de dos nombres parlantes de origen latino[94], denominación esta última que pudo proceder de un topónimo similar con el que se conoce la actual *Pianosa* –que en época antigua también se llamaba *Planasia*-, ubicada al oeste del mar de la Liguria, en Italia, a la altura de la Toscana.

Entre los muchos aspectos de interés que se recogen en el citado texto de Plinio el Viejo, donde se evidencia el conocimiento preciso de las Islas Canarias en la Antigüedad, existe una información que juzgamos muy relevante. Nos referimos a la manera en la que los romanos medían la distancia por mar cuando se navegaba, sobre todo por el Mediterráneo. Por ello nos ha parecido interesante recoger en este trabajo lo referido por Vitruvio, en el libro décimo, capítulo 9 de su obra *De Architectura*, cuando alude al modo en el que contaban las millas recorridas. Dato que sirve para verificar la exactitud de lo navegado por las naves mandadas por Estacio Seboso y por Juba en su derrota hacia las Islas *Afortunadas*.

---

92 El profesor DÍAZ TEJERA, *ob. cit.*: 21, sugiere que el nombre *Invallis* pudiera ser *Nivalis*, debido a una posible corrupción del manuscrito, en el que la letra I se confundiría con una N, como es muy común en los inicios de palabra, por lo que pudiera decir *Nivalis*, que relaciona con Tenerife.

93 *Vallis-vallis*: "valle, cavidad, hueco, hondonada", convertido en adjetivo mediante el prefijo *in-*. *Convexitas-convexitatis*: "convexidad, forma circular", en Plinio: "concavidad".
Planus-a-um: "plano, llano, nivelado".
AGUSTÍN MILLARES TORRES, *Historia General de las Islas Canarias*, t.1, Edirca, Las Palmas de Gran Canaria, 1977: 178, identificándola con La Palma, apunta que este nombre obedece a la realidad geográfica de la isla, ya que mirada desde alta mar desaparecen sus numerosas quebradas y toma la figura de una elevada planicie.

94 M. MARTÍNEZ HERNÁNDEZ, *ob. cit.*

Navis oneraria.

"Como medir las distancias"

"Nuestra reflexión se centra ahora en un ingenioso sistema que no es nada inútil, sino que ofrece una estudiada estructura ideada por nuestros antepasados; se trata de conocer el número de millas que hemos recorrido, bien sea sentados dentro de un carruaje, o bien navegando por el mar. Procédase de la siguiente manera: las ruedas del carruaje medirán cuatro pies de diámetro; se señalará un punto o una marca en la misma rueda y se iniciará el movimiento giratorio de la rueda a partir de ese punto; cuando la rueda dé un giro completo se habrá recorrido con toda certeza un espacio de doce pies y medio. Pues bien, tras estos preparativos introdúzcase un tambor en el cubo de la rueda por su parte interior, que quede sólidamente encajado; el tambor tendrá un diente que sobresaldrá de su circunferencia exterior. Sobre el armazón del carruaje fíjese con firmeza una cajita con un tambor giratorio, colocado perpendicularmente sobre su propio eje. En la parte frontal de este tambor se harán cuatrocientos dientecillos, que guarden la misma distancia entre sí y que se correspondan con los dientecillos del tambor inferior. Además, se fijará otro dientecillo que sobresalga respecto a los demás, en el costado del tambor superior. Encima de éste se colocará un tercer tambor en posición horizontal, dentado de la misma manera y encerrado en otra cajita; los dientes del tercer tambor se encastrarán con el dientecillo fijado en el costado del segundo tambor; en este tambor se abrirá un número de orificios igual al número de millas que se puedan recorrer con el carruaje a lo largo de una jornada; no importa que haya alguno más o alguno menos. Se introducirán unas piedrecillas redondeadas en todos estos orificios y en la cajita de este tambor se abrirá un solo orificio con un canalito por el que cada una de las piedrecillas, que se han colocado dentro del tambor, pueda ir cayendo dentro del armazón del carruaje en una vasija de bronce, colocada debajo, cuando se llegue al lugar del destino. Al ir avanzando la rueda, ésta mueve a la vez el tambor, situado en la parte más baja, y el dientecillo en cada uno de sus giros obligará a ir pasando los dientecitos del tambor superior; el efecto que se logrará será el siguiente: cuando el tambor inferior dé cuatrocientas vueltas, el tambor superior habrá dado una sola vuelta y el dientecillo, fijado a su costado, moverá únicamente un dientecillo del tambor horizontal; por tanto, como el tambor inferior habrá dado cuatrocientas vueltas y el tambor superior solamente una, **el recorrido será equivalente a una distancia de cinco mil pies, es decir, mil pasos**; en consecuencia, cada una de las piedrecillas que vaya cayendo advertirá con su ruido que se ha recorrido una milla; el número total de piedrecillas que se recojan, indicará el número de millas recorridas en una jornada.

Modificando algunos detalles, este mismo método se puede adaptar también a los viajes por mar (...).

He expuesto los distintos elementos necesarios en la preparación de las máquinas y la manera de fabricarlas con el fin de que presten utilidad y satisfacción en tiempos de paz y sosiego"[95].

Como corolario de lo señalado, recogemos, a continuación, algunas sugerencias del profesor Antonio Bermejo sobre lo que llevamos dicho. Por su experiencia en la navegación conoce muy bien las difíciles condiciones de hacerlo en aguas de las Islas Canarias, debido a las características meteorológicas y oceanográficas del Océano Atlántico, a lo que tampoco ayuda las condiciones físicas del cercano litoral africano, muy poco propicio, asimismo, para resguardarse o buscar refugio en él, como hemos indicado. Estas circunstancias exigen "una gran preparación tanto de embarcaciones como de su tripulación", por lo que "las embarcaciones antiguas presentaban limitaciones para navegar con toda clase de vientos y mares, por la utilización de velas cuadras, las dimensiones y formas de los cascos", aunque -y a pesar de ello-, si se aprovechaban bien los "vientos largos, el régimen de brisas costeras y la ocasional utilización del remo, los navegantes de la Antigüedad pudieron visitar las islas y retornar a la costa africana navegando la mayor parte del tiempo a la vista de la costa".

Todo ello nos permite confirmar, como así está comprobado por fuentes indirectas que, a pesar de lo lentas y muy laboriosas que serían estas expediciones, no siempre finalizaban con éxito, como así sucedió en muchas de las que se llevaron a cabo desde el primer tercio del siglo XIV, cuando las islas, como se ha referido, fueron redescubiertas en época medieval por el genovés Lancelotto Malocello, a quien le había precedido, que sepamos, una expedición -que se ha creído frustrada-, realizada por los genoveses hermanos Vivaldi que habían partido de ese puerto italiano, y de la que, al parecer –aunque es una cuestión discutida-, nunca más regresaron a Génova de su viaje por la costa africana, en demanda de las Islas Canarias. Y así debió de ser también en la Antigüedad, aunque nada de ello sabemos con la certeza que desearíamos.

A la vista de lo expuesto, el profesor Bermejo Díaz ha propuesto las siguientes conclusiones:

95 VITRUVIO, *Los diez libros de Arquitectura.* Alianza Forma (2002): 379-380.

1º.-Las aguas de Canarias por sus condiciones meteorológicas y oceanográficas no son precisamente un paraíso para la navegación a vela, siendo necesaria una gran preparación, tanto de las embarcaciones como de su tripulación.

2º.-Las embarcaciones antiguas presentaban limitaciones para navegar con toda clase de vientos y de mares, debido a la utilización de velas cuadras (cuadradas) y a las dimensiones y formas de los cascos.

3º.-Aprovechando vientos largos, el régimen de brisas costeras y la ocasional utilización del remo, los marineros de la Antigüedad pudieron visitar las islas y retornar a la costa africana navegando la mayor parte del tiempo a la vista de la costa.

III.3. Las naves romanas

Hemos visto en el apartado anterior los problemas de navegación en el Atlántico que desde la Antigüedad afectan siempre, y del mismo modo, a las rutas que los navíos seguían por este Océano. Y si este hecho es bien conocido, no lo es, en cambio, el tipo de nave con el que, y aunque fuera de manera esporádica, pudieron haber surcado estas aguas, al menos hasta alcanzar las Islas *Afortunadas* en el siglo I antes de la Era, etapa en la que, como se ha indicado más arriba, debieron de hacerse algunas de las exploraciones a las que aludimos en el libro.

A continuación analizaremos, siquiera sea de forma somera, una serie de cuestiones sobre las embarcaciones que pudieron haber utilizado los exploradores romanos cuando comenzaron a conocer este Archipiélago, aunque no sabemos con precisión de qué tipo se trataba, ni el número de tripulantes que necesitaron para llevar a cabo estas navegaciones, entre otras cosas que nos parecen imprescindibles para conocer tales hechos, por lo que nos vemos obligados a recurrir, como se podrá comprobar, a una serie de supuestos y conjeturas de cómo debieron de haberse producido. Aparte de nuestro desconocimiento sobre la construcción de embarcaciones de un tamaño considerable, ha de sumarse el lugar en donde se encontraban las islas y el modo de navegar a ellas, por lo que es de suponer que esas expediciones estarían compuestas por varias embarcaciones, aunque de ello nada sabemos tampoco, como así sucedió también en etapas históricas posteriores.

Desconocemos, pues, todo acerca de las naves que utilizarían los romanos en estas expediciones exploratorias, a pesar de que se han documentado un buen número de pecios anteriores al siglo XV de la Era, que supera los ochocientos, y de los que la mayoría son de esta procedencia. Sin embargo, y a pesar del volumen existente, son muy pocos los navíos que han conservado elementos de su estructura para obtener conclusiones sobre su comportamiento marinero. No obstante, a través del análisis de la información literaria y arqueológica, parece posible afirmar que los barcos que navegaban por el Mediterráneo debieron de ser igual de aptos que para hacerlo por el Atlántico.

El tipo de nave que nos interesa destacar es el adaptado al traslado de mercancías que usaban la vela como principal fuente de propulsión. Según la propuesta de Diego Gaspar, un navío de guerra de reducido calado y provisto de una propulsión a remo, sería capaz de alcanzar las islas sin atender a los condicionantes atmosféricos, aunque dicha llegada sería, como mucho, de carácter ocasional, ya que la reducida capacidad de carga y el enorme gasto de mantener a los remeros haría que una expedición al Archipiélago fuese una empresa bastante ruinosa. Téngase en cuenta que a lo dicho habría de añadir, además, el tiempo que la tripulación permanecía en las embarcaciones, ya que la travesía habría de hacerse de noche y de día, porque no parece posible que se pudieran resguardar en tierra, según era costumbre, como se halla bien documentado en el Mediterráneo; pero en el caso del Atlántico, quizá las cosas fuesen de otra manera, debido a las ya señaladas dificultades de la costa.

La hipótesis propuesta por Diego Gaspar Rodríguez se centra, pues, en diversos modelos de barcos que, según conocemos, pudieron realizar navegaciones por el Atlántico y que se emplearían, asimismo, en los primeros intentos para ir más allá de Mogador y su área de influencia. Quizá se trataría de una nave mercante, conocida como *navis oneraria*, que aprovechaba el viento para impulsarse usando la vela cuadra (cuadrada), ubicada en el mástil de la embarcación, junto con otras auxiliares, aunque utilizando también los remos si fueran necesarios, cuando no había viento suficiente y resultara entonces imposible el manejo de las velas.

En lo referente al tonelaje podía variar, dependiendo de las necesidades comerciales, pero se consideraría una media de alrededor de 70 toneladas, aunque también podemos encontrarnos con naves de unas 150. En cuanto a sus dimensiones, el tamaño del navío debió de oscilar entre los 40 m de eslora y 9 m de manga. Lo más interesante de estas dimensiones es lo reducido de su manga, que era muy fina para un navío mercante, lo que posiblemente nos hable de una mejora en las prestaciones de velocidad. Esto, unido a la particular forma de la proa, debía de favorecer también su carácter hidrodinámico[96].

El otro aspecto que, en cambio, sí fue recogido en el texto de Plinio, se refiere a la ruta que tomaron las embarcaciones para alcanzar este Archipiélago que, como hemos visto más arriba, siempre que fuera posible, la navegación habría de hacerse de altura y cabotaje, costeando el litoral, ya que se trataba de un uso muy generalizado en las exploraciones marítimas, en las que procuraban no perder de vista la costa, o al menos no navegar demasiado retirada de ella, con el fin de resguardarse, en caso de necesidad, a pesar de que la ribera atlántica africana no reunía, precisamente, las condiciones de acogida y habitabilidad para ello, ni había sido tampoco tan conocida y transitada por los romanos, como durante siglos se había hecho en el Mediterráneo.

En cualquier caso, creemos que para entender todas estas cuestiones, estamos faltos de poseer un mejor conocimiento de las costas africanas y de los posibles lugares donde las naves pudieran guarecerse si les fuera necesario. En el denominado *Mapa de Ptolomeo* existen una serie de sitios, precisamente a la altura de las Islas Canarias, de los que uno llama especialmente la atención, el denominado *magnus portus*, cuyo nombre nos hace pensar que pudiera tratarse de un puerto que pudo haber servido de refugio a las naves, aunque, como decimos, todos estos hechos no son otra cosa que especulaciones, faltos aún de ser bien analizados en su conjunto[97].

---

[96] Fuente: http://*www.estudiogeneraldehumanidades.es/roma/infanteria-de-marina-romana.html.*

[97] Estos y otros aspectos serán objeto de estudio en el proyecto *Navegaciones por la costa Atlántica Africana: El Descubrimiento de las Islas Canarias*, financiado por el Cabildo Insular de Tenerife dentro del Programa "María Rosa Alonso", participado, además, por la Universidad de La Laguna. La investigadora responsable es la profesora Mª ESTHER CHÁVEZ ÁLVAREZ, en el que también participan diez investigadores de distintas especialidades.

Relieve donde se representa una nave con una sola fila de remos.

Mosaico romano hallado en Túnez con la representación de una nave con una fila de remeros, aparejada con vela cuadra o cuadrada y una vela auxiliar en la proa.

LAS AFORTUNADAS EN LA "NATURALIS HISTORIA" DE PLINIO EL VIEJO: LAS FUENTES PARA SU ELABORACIÓN

Con frecuencia se le reprocha a Plinio y, por extensión, a Juba II, que debido a su excesivo afán compilador, sus juicios fueron un tanto apresurados. No obstante, debemos tener en cuenta que para quienes elaboraron obras tan voluminosas no existían otros métodos viables para realizar un trabajo de síntesis descomunal de estas características sobre fuentes tan diferentes, por lo que no parece adecuado catalogar a la ligera su tarea como simple o despreciable, lo que nos exime subestimar su esfuerzo, dado que Plinio, y probablemente Juba, parecen yuxtaponer únicamente informaciones, a medida que se adentraban en geografías remotas y poco conocidas, muchas de ellas propias del ámbito de lo paradoxográfico, con el fin de hacer una síntesis y confrontar los datos que habían manejado.

En las investigaciones de Juba II sobre el Norte de África nos interesa destacar, de manera singular, sus conocimientos de las Islas Canarias[98] que entroncan, sin duda, con los informes y mapas que navegantes fenicios y cartagineses debieron confeccionar, y a los que pudo acceder, gracias a su posición privilegiada y a sus influencias en el mercado de libros en la Antigüedad, ya que desde el siglo VII a.C. los fenicios se habían establecido, como hemos visto, en la costa atlántica, al sur de Marruecos, en Mogador[99], con el fin de controlar la explotación de la península Ibérica y de la costa atlántica, ya que hacia mediados del siglo V a.C., los cartagineses, herederos de los fenicios en la explotación y colonización del Mediterráneo Occidental, prepararon dos grandes expediciones para explorar el Atlántico Norte y Sur a fin de organizar su explotación comercial y pesquera, respectivamente, por lo que partieron de Cádiz, probablemente con técnicos y barcos púnico-ga-

98 Para el estudio de las Islas Canarias en la Antigüedad resultan esclarecedores, entre otros, los estudios de los autores que se recogen en la bibliografía general y los que se citan, además, dentro del texto.

99 Str. 3. 5. 5; Vell. 1.2.3.

ditanos, que bien pudieron dejar constancia de sus hallazgos en informes y cartas de navegación[100]. No obstante, será a partir de finales del siglo III a.C., al entrar Mauretania en su esfera de influencia, cuando los romanos llegaron a la mayor expansión de sus conquistas en el Estrecho de Gibraltar, y más allá de las Columnas de Hércules, en una zona que ya había sido reconocida por los púnicos y que el propio Juba llevará hasta su culmen.

Acerca de las fuentes que pudo haber manejado Plinio sobre las Islas *Afortunadas* las hemos clasificado en tres grupos, siguiendo el modo en que el autor las expone en el texto, en los tres párrafos arriba señalados, que se hallan, a nuestro juicio, bastante bien definidos, y que no serían otra cosa que una referencia a otras tantas etapas de la exploración de estas islas que podría considerarse, además, un indicio evidente de una serie de periplos que tuvieron como resultado su descubrimiento, consecuencia de un largo proceso del que no tenemos ninguna constancia sobre cuándo se iniciaron, pero tampoco en qué momento se produjo su final.

El primer párrafo comienza del siguiente modo: "**Hay quienes opinan que más allá de éstas (las Purpurarias**) están las **Afortunadas** y algunas otras...", donde se refiere a las islas de la Mauretania, según consta en las fuentes manejadas por Plinio, y que, como hemos señalado, alude a unos datos, de los que no sabemos su procedencia, ya que se hallan solapados bajo la expresión *Hay quienes...*, como así figura en las líneas 201-202 del libro VI. En ellos se inserta la información relativa a unas pocas islas que fueron descubiertas por Juba, frente a la etnia de los *autóloles*, que él mismo había ubicado en la franja costera entre el Cabo Guir y el Cabo Juby (*Nat.* 5.10)[101]: *nec Mauretaniae insularum certior fama est: paucas modo constat esse ex adverso Autololum, a Juba repertas, in quibus Gaetulicam purpuram tinguere instituerat* (Plin., *Nat.* 6. 201), cuya traducción es como sigue: "y no hay noticia más cierta de las islas de Mauretania: sólo hay constancia de que se encuentran unas pocas frente a los *autóloles*, descubiertas por Juba, en las cuales había ordenado que se tiñese la púrpura getúlica". Esta púrpura, fabricada en el

100 Para más información, véase el estudio de José Mª Blázquez, "Las Islas Canarias en la Antigüedad", *art. cit.*, el cual se enfrenta a las teorías que niegan la posibilidad de este viaje por la dificultad del retorno, alegando que ello era posible si se empleaban, como había indicado un escoliasta del periplo, barcos de 50 remeros, utilizados ya desde los viajes de los focenses al Occidente. El periplo de Hanón, cuya fecha se sitúa hoy a mediados del s. VII a.C., no menciona tampoco las Islas Canarias.

101 Resulta significativo que el punto extremo del reino de Juba II, reciba su propio nombre, el de Cabo Juby.

reino mauritano, recibirá la denominación de *purpura gaetulica*, en alusión a los territorios *gétulos* incorporados a sus dominios por el soberano mauritano. Esos territorios *gétulos* eran de los pueblos *Nigritae* y *Pharusii* según la mención de Pomponio Mela (Mela 3.104)[102], quien consideraba que la costa de los *gétulos* era productiva, pues se recolectaban las conchas que se utilizaban para los tintes.

Sobre este párrafo nos parece especialmente relevante lo ya estudiado por el profesor Juan Álvarez Delgado, cuando trataba de explicar lo que se esconde en esta frase corta: *Sunt qui...* ("Hay quienes..."). Con ella, Plinio podría estar aludiendo a las primeras exploraciones realizadas en los años iniciales del siglo I a.C. y, por añadidura, a los informantes anónimos que dieron cuenta de estas islas, lo que explicaría el uso de esa expresión tan vaga. Información que procedería, seguramente, de aquellos marinos que, con anterioridad a lo aportado por Estacio Seboso y Juba, debieron de aventurarse por estos mares en las décadas anteriores para realizar algunas exploraciones, siguiendo la ruta de la costa africana. Esto haría suponer que serían ellos quienes darían cuenta de su existencia, aunque nada sabemos con certeza de quiénes pudieron ser, ni cómo obtuvieron ese conocimiento, como así lo expresó Álvarez Delgado en un texto muy certero: "a) Las Islas Canarias estaban deshabitadas el año 100 a.C. b). **Estas Islas fueron descubiertas paulatinamente y exploradas por marinos gaditanos** y por el griego Eudoxo y el romano Estacio Seboso entre los años 125 a 25 a.C. c) Juba II de Mauritania, por mandato y con consentimiento de Augusto, a cuyo imperio pertenecían, las pobló y colonizó con gétulos del África cercana en el último cuarto del siglo I a.C. d). Estas **Islas Canarias o Afortunadas** volvieron a su secular olvido después del emperador Claudio (55 d.C.), hasta el siglo XIII, quedando inabordadas para los europeos y los africanos de esos siglos, hasta que las redescubrieron los genoveses entre 1290-1312. Y durante esa larga etapa sólo las citaban los libros sobre noticias de Mela, Plinio y Tolomeo, que tampoco estuvieron en ellas, sino escribieron sobre referencias anteriores "[103].

No tenemos constancia del modo en el que los navegantes de época romana se adentraron en el Atlántico, al sur de Mogador, y pudieron haber

[102] *Pharusii, Nigritarum Gaetulorumque passim vagantium ne litora quidem infecunda sunt, purpura et murice efficacissimus ad tigendum, et ubique quae tinxere clarissima* ("Ni son tampoco estériles las costas de los *nigritas* y los *gétulos*, que vagan por todas partes, porque la púrpura y el múrice son allí eficacísimos para teñir y lo que se tiñe, en cualquier lugar que sea, es extraordinario").

[103] J. ÁLVAREZ DELGADO, 1977: 51.

descubierto estas islas que, como estudiaremos más adelante, fueron las primeramente denominadas *Afortunadas*, es decir, *Invallis* y *Planasia*, como así se recoge en el texto pliniano que estudiamos.

Para suponer cómo debieron de tocar con estas islas, hemos de seguir similares criterios a los utilizados en la etapa de los grandes descubrimientos. De ellos sabemos que había una serie de indicadores para los marineros que se hallaban habituados a moverse en mares que no siempre respondían a comportamientos parecidos. Uno de ellos, sin embargo, se asocia con el modo con el que actúan las nubes, por si había un accidente orográfico muy destacado, cuando algún cabo se adentra hacia el mar, pero sobre todo si existían islas en la ruta seguida por las embarcaciones, siendo frecuente que las nubes se acumulen, precisamente, en el entorno de estos lugares tan destacados en la travesía. Y el otro es de comportamiento muy parecido cuando existen estos fenómenos. Nos referimos al recorrido de las aves si son especies migratorias que siguen una ruta muy determinada, ya que procuran descansar en los lugares que se interponen en su recorrido. Una lectura detenida del *Diario de Colón* resulta, en este caso, muy enriquecedora, ya que al dejar de avistar la isla de El Hierro por la punta de la Orchilla, el Almirante fue relatando de forma rutinaria, precisamente el recorrido de las aves y, en ocasiones, el tipo de peces que se cruzan en su camino, indicios siempre considerados evidentes de la cercanía de tierra. Pensamos que este mismo criterio lo pudieron utilizar como barrunto para saber si se encontraban en el entorno del continente africano que debieron de irlo costeando, como hemos analizado más arriba, a pesar de las complicaciones propias de la ribera continental. Mientras las naves se fueron acercando a Lanzarote, la primera que se encuentra cuando se navega de norte a sur, tendrían la suerte de que antes de llegar a ella, se encontraron con los pequeños islotes que se hallan al norte de aquella isla, y que conforman el denominado Archipiélago Chinijo, pequeño archipiélago, significado al que responde su nombre, ya que se trata de una denominación propia de los habitantes de Lanzarote con la que se refieren a los niños y, en general, a cualquier cosa de tamaño reducido.

Conviene advertir, no obstante, que frente a lo que pudiera parecer, es sabido que las islas de este Archipiélago no se columbran desde la costa africana, por lo que no cabría pensar, en ningún caso, que este hecho les hubiera facilitado su descubrimiento, puesto que, de lo contrario, si hubieran podido divisarse desde tierra, habría contribuido a su conocimiento, de modo que más tarde pudieran confirmarlo haciendo la travesía correspondiente por mar. No obstante, frente a quienes defienden que estas islas se ven desde el continente, parece quedar demostrado que este hecho no es posible, por lo que hemos de seguir defendiendo que el descubrimiento debió de realizarse después de navegar por el Atlántico, costeando cuanto les fuera posible hasta que las divisaron por vez primera.

IV.1. El Periplo de Eudoxo

Siguiendo la propuesta de Álvarez Delgado, nos referiremos, en primer lugar, a uno de estos exploradores, el griego Eudoxo de Cízico, personaje no exento, en cierto modo, de ribetes dudosos, aun siendo, al mismo tiempo, considerado un personaje real, y a la vez, legendario. En cualquier caso, cabría pensar que a finales del siglo II a.C. -seguramente entre el 118 y el 109-, tuvo lugar una expedición de gran interés, protagonizada quizá por este personaje, al que se le considera uno de los más tenaces navegantes antiguos del que tenemos noticia por haber dirigido un par de expediciones hasta la India, entre otras cosas, ya que se hallaba al servicio de los reyes lágidas, nombre con el que se conocía a la dinastía Ptolemaica de Egipto, al ser Lagos el nombre del padre (o presunto padre) de Ptolomeo, y cuya dinastía gobernó en el Antiguo Egipto durante el período helenístico desde el 323 a.C. hasta el 30 a.C., cuando el país del Nilo sería incorporado al Imperio Romano.

Al regreso de la segunda expedición se vio empujado por el monzón a algún lugar de la costa oriental del continente africano, situado entre el cabo Guardafui y Zanzíbar (situado en el vértice del llamado Cuerno de África). Y por lo que se sabe, en este gran espacio geográfico, separado por una distancia de unos 2.405 km, encontró, al parecer, restos de un naufragio, del que destacaba, sobre todo, la proa de un barco con forma de cabeza de caballo. En ese mismo lugar recogió información de los naturales del país acerca de los tripulantes del barco hundido que, al parecer, procedía de Occidente.

Cuando regresó de nuevo a Egipto, recibió información en la ciudad de Alejandría, fundada por Alejandro Magno, en donde residía la familia real. Supo entonces que esa proa correspondía a un tipo de barco gaditano que se le conocía como *hippos* –nombre griego del caballo-, al ser característico de esa zona llevar en la proa de sus embarcaciones la figura de este animal como emblema para diferenciarlas de las otras naves que por esa misma época se movían por el Mediterráneo.

Unido todo ello al deseo de encontrar una ruta directa entre Cádiz y la India, hizo que Eudoxo se planteara la posibilidad de circunnavegar África, proyecto que finalmente pondría en marcha, después de haberse hecho con algunos ahorros provenientes del comercio. Desde Cádiz se hizo a la mar con un barco grande y dos pequeños; no obstante, la fortuna no le acompañó y acabó zozobrando, aunque con los restos del naufragio pudo armar una nave de cincuenta remos; con ella, y con las otras dos que le quedaban, de nuevo regresó al puerto gaditano, no sin antes haber sufrido múltiples peripecias. Al volver de nuevo al sur de la península Ibérica, debió de planificar con mayor cuidado su otro viaje, puesto que Estrabón (II, 3, 4, 5) nos dio información de que hizo embarcar en dos naves, una redonda y otra de cincuenta remos, o *pentecóntoro*, un buen número de utensilios agrícolas, semillas y carpinteros de ribera, a fin de pasar con garantías la siempre difícil ruta del invierno. De este nuevo intento de Eudoxo nada conocemos, porque cuando el informador de Estrabón, Posidonio, se marchó de Cádiz, donde debió de oír la historia del ciziceno, aún no había dado señales de vida[104].

De ser así, y frente a lo que se ha generalizado en la historiografía sobre el descubrimiento de las Islas Canarias que tendría lugar en tiempos de Estacio Seboso, conviene decir, siguiendo siempre lo consignado en Plinio, que este hecho se habría producido con anterioridad, quizá a finales del siglo II a.C., o a inicios del I a. C., si aceptáramos que, al menos las dos islas orientales, cercanas al continente africano, que figuran con la denominación específica de *Afortunadas*, con los ya citados nombres de *Invallis* y *Planasia*, pudieron haber sido las primeras descubiertas en estas tempranas exploraciones por el Atlántico.

IV.2. Las *Afortunadas* de Plutarco

Una cuestión que ha sido muy discutida es la de saber si la referencia del historiador griego Plutarco (h. 50-125 d.C.), cuando alude a la existencia de unas islas en el Atlántico -de ubicación imprecisa-, se pudieran corresponder con algunas del archipiélago canario, en un texto en el que, en efecto, se da cuenta de unos acontecimientos que tuvieron lugar en la provincia romana

[104] ADOLFO RODRÍGUEZ MONEDERO, 1976: 76. Se puede consultar, asimismo, POMPONIO MELA, 3. 90-92 y PLINIO EL VIEJO, *Nat.* 2. 169 y 6. 187-188. Véase también ST. GSELL, 1928: 311.

de la Bética, entre los años 82 y 81 a.C. (a comienzos del siglo I a.C.), cuando el general romano Sertorio se hallaba en Cádiz, con ocasión de las guerras civiles entre Mario y Sila. Allí fue informado por unos marineros gaditanos que acababan de llegar de unas islas del Atlántico, procedentes de sus pesquerías. Eran *...dos, separadas entre sí por un pequeño estrecho. Distan 10.000 estadios de la Libye [*Africa*] y son llamadas de los Afortunados*" (Plu. *Ser.* 8).

Este texto ha sido interpretado de manera reiterada como testimonio evidente del primer conocimiento que los romanos tendrían de las Islas Canarias, a pesar de las referencias míticas que en él se contienen y que nos parecen demasiado sospechosas, por lo que creemos debiera de ser tomado con suma cautela, entre otras cosas, porque la denominación de *Afortunadas* también se le atribuiría a los islotes de Mogador, situados frente a la ciudad de Essauira en la costa de Marruecos, del mismo modo que con ese nombre se conocieron las pequeñas islitas que conforman el archipiélago gaditano, por lo que nos parece imprescindible plantear varias cuestiones, relativas a su fuente de información. Otra cuestión es la ubicación geográfica de las islas citadas, la distancia que se señala en el texto sobre la navegación a este lugar, así como las condiciones mismas para llegar hasta ellas. Pero sobre todo, nos parece imprescindible tener en cuenta qué otros sitios de la costa atlántica pudieran asociarse a los que se supone alude la narración.

En lo referente al valor intrínseco del propio texto, donde se recoge información de distintos autores, y de manera concreta del historiador latino Salustio (Sal. *Hist.* fr. 100-101), se piensa que esas islas pudieron ser también las del citado archipiélago existente junto a Cádiz, sobre todo, debido a la distancia desde el continente africano, es decir de la *Libia.* Por otra parte, la ubicación de las de Mogador en la costa atlántica africana, es un hecho que conviene tenerlo en cuenta, asimismo, para decantarse por ellas y relacionarlas con las del texto, ya que la referencia –creemos que bastante precisa sobre su número-, y el pequeño estrecho que las separa, resulta sospechosamente exacta en relación con aquellos dos islotes. Es probable que la lejanía, en torno a los casi mil seiscientos kilómetros que según el texto distaban de África –aunque aquí se ha entendido desde el estrecho–, haya dado pie a situar en el archipiélago canario las islas citadas, aunque cabe introducir también alguna otra consideración. En época romana era una costumbre bastante usual establecer la distancia a la que se hallaba un lugar sumando el tiempo invertido en la navegación, contando el de la ida y la vuelta, de manera que el recorrido que separa en realidad los islotes de Mogador del estrecho, alcanzaría unos 750 kilómetros que suman los 1.500 que se pueden deducir del texto.

Sobre dichas islas, Alberto Díaz Tejera[105] pensaba que esta información originaria, aportada por Plutarco, procedía de Salustio, quien habla, de igual modo, de dos islas próximas entre sí y confirma, también, la misma distancia de 10.000 estadios en las que se encuentran situadas, pero no alude a África, como dice Plutarco, sino a Cádiz, por lo que la distancia de 10.000 estadios, unos 1.850 km, convendría bien a Canarias (Sall. *Hist.* I. 99-102): *Cum Sertorius neque erumpere tam leui copia nauibus... Quas duas insulas propinquas inter se et decem <milia> stadium procul a Gadibus sitas constabat suopte ingenio alimenta mortalibus gignere. Traditur fugam in Oceani longinqua agitauisse* ("Al no lanzarse Sertorio con tan escasa cantidad de embarcaciones... Constaba que esas dos islas, cercanas entre sí y situadas a diez mil estadios de distancia de Gades (Cádiz), generaban de forma espontánea alimentos para los mortales. Se dice que había pensado huir a zonas remotas del Océano"). Como se puede ver, Gades aparece en el fragmento de Plinio en latín, como *Gadibus*, precedido además de la preposición "a", para indicar el lugar desde el que se ha partido. Conviene señalar, por ello, que el nombre figura en plural ya que se declina por la tercera declinación, propio de los sustantivos que terminan el plural en -es, y esto explica por qué los romanos lo adecuaron al término con el que se conoció esa zona en el pasado, ya que en griego se conoce con la denominación de las *Gadeira (Ta Gádeira)* o *gadeiritas*, igualmente escrito en plural, forma con la que se quería definir el conjunto de islitas existentes en esta zona del suroccidente de la Península Ibérica, lo que explica la razón del nombre escrito en el caso gramatical referido, con el que se pretendía especificar la diversidad geográfica propia de este lugar.

Por su parte, en un estudio de José A. Delgado[106], donde analiza este texto, la fuente precedente la ha buscado, en cambio, en la obra del historiador griego Posidonio de Apamea, concluyendo que esos marineros "eran muy probablemente pescadores gaditanos que venían de alguna de sus habituales navegaciones por la costa africana, en busca de buenos bancos de pesca".

Posidonio, que recibió el sobrenombre de 'el Atleta', nació en el seno de una familia griega de Apamea, una ciudad helenística sobre el río Orontes, en el norte de Siria. Probablemente murió en Roma o en Rodas. Estudió en Atenas, donde fue alumno de Panecio de Rodas, cabeza, por entonces, de la escuela estoica. Se asentó alrededor del año 95 a.C. en Rodas, un estado marítimo que en aquel momento gozaba de una gran reputación en los estudios científicos.

105 A. DÍAZ TEJERA, *art. cit.*: 16.

106 J. DELGADO DELGADO, *art. cit.* 1993: 61-74.

El relato nos dice también que las islas de las que venían, las *Insulae Fortunatae,* distaban 10.000 estadios de *Gades*, el puerto de donde habrían salido. Esta distancia, si admitimos que Posidonio usa para la mayoría de sus cálculos el llamado estadio egipcio (que equivalía a 157,5 m), sería igual a unos 1.575 km. Teniendo en cuenta el relativo rigor de las mediciones de Posidonio, como el tipo de navegación hecha por estos pescadores, totalmente costera, debemos concluir con que las únicas islas atlánticas que se ajustan a todos estos presupuestos son, sin lugar a dudas, las Islas Canarias, al menos, las más orientales[107].

De este texto se han querido inferir, asimismo, datos sobre una supuesta explotación pesquera en unas islas del Atlántico que se han asociado con algunas del archipiélago canario, basándose en la expresión relativa a unos marineros –quizá pescadores de túnidos-, que arribaban de unas islas cercanas a la costa africana. La hipótesis de partida es, sobre todo, la de resolver los problemas inherentes a la navegación por este Océano en la Antigüedad. Se trata, a nuestro juicio, de una cuestión esencial, toda vez que para alcanzar las islas, ya sea desde el puerto de Cádiz, o de los islotes de Mogador, hay que recorrer una distancia superior a unos 1.500 kilómetros de Cádiz, o unos 440 km desde Mogador, es decir, unas 240 millas que separan aquel lugar africano de Lanzarote, la isla más cercana en la ruta Norte-Sur, lo que, unido a las dificultades señaladas de la costa, las corrientes, los vientos, etc., nos parece un argumento con un fundamento insuficiente que plantea ciertas dudas sobre una relación continuada de este Archipiélago con los asentamientos púnico-romanos del continente[108]. Se trata, como es bien sabido, de una larga travesía y de una navegación muy difícil a la que ya nos hemos referido, por lo que la cuestión no deja de plantear un problema aún no bien resuelto.

El fundamento para asociar el entorno de Canarias como zona pesquera a partir del citado texto se ha hecho, a nuestro juicio, desde una perspectiva presentista, teniendo como referencia la explotación del llamado "Banco Canario-Sahariano", aunque para ello pensamos que habrían de tenerse en cuenta, asimismo, algunas cuestiones que entendemos básicas sobre estos aspectos, como la gran distancia que existe entre Cádiz y las costas africanas, situadas frente al archipiélago canario; es un recorrido muy largo que supone una travesía de considerable dificultad para hacerlo en busca de pescado, si

---

107 Ibidem.

108 A. TEJERA GASPAR, Mª E. CHÁVEZ ÁLVAREZ, M. MONTESDEOCA, *Canarias y el África antigua*, Centro de la Cultura Popular Canaria, Santa Cruz de Tenerife, 2006.

tenemos en cuenta que las embarcaciones no tenían ningún sitio apropiado para refugio, desde Mogador hasta Cabo Juby, siendo aquel un lugar extremo a partir del que ya no contamos con documentación arqueológica bien contrastada, de la presencia fenicia ni tampoco romana por la ribera africana, al no existir, como se ha señalado, ningún asentamiento o puerto que sirviera para resguardarse en los casi cuatrocientos cuarenta km que separan Mogador del Cabo Juby, a partir del cual la navegación resulta ya muy complicada.

Existen, no obstante, otras propuestas que sería interesante manejar, y que quizá nos ayuden a entender el texto en su debida dimensión. No conviene olvidar, tampoco, que los verdaderos caladeros de túnidos con los que los fenicios establecieron una industria floreciente se hallaban en la zona del Estrecho, como se conoce bien a través de muchas evidencias arqueológicas que van desde las piletas de salazones a las monedas, demostrando de este modo la importancia de dicha explotación, que tendrá continuidad en época romana y hasta la actualidad, teniendo esta actividad pesquera gran auge durante el medievo, como queda de manifiesto en las explotaciones que se hallaban bajo el control del Duque de Medinasidonia. Además, debe tenerse en cuenta que la pesca de túnidos fue explotada, asimismo, por los fenicios en las costas atlánticas africanas desde el Estrecho de Gibraltar hasta la desembocadura del río Lixus, donde habían fundado la ciudad de igual nombre, por lo que no parece necesario hacer un recorrido tan largo hasta unos supuestos caladeros de dudoso resultado económico, cuando tenían atunes muy cerca, en abundancia y de gran calidad, en los lugares señalados.

Otro aspecto que consideramos de interés para explicar estos hechos es, sobre todo, la dificultad para navegar durante los meses de abril a octubre, precisamente el periodo propicio en el que se hacía en la Antigüedad, ya que a partir del Cabo Cantín, los vientos alisios soplan durante esos meses de forma constante y con gran fuerza en dirección norte-noreste hacia las Islas Canarias, dificultando de manera considerable hacerlo contra el alisio y la corriente de Canarias, que sigue la misma dirección. Circunstancias todas ellas que es necesario tener en cuenta para entender las dificultades referidas y a las que ya aludimos en otros apartados. Un análisis detenido, pues, de todos estos aspectos, ya sea el tipo de embarcaciones, como también los elementos naturales, vientos, corrientes, etc., así como las propias condiciones de la pesca, hacen de la hipótesis que analizamos una cuestión difícilmente aceptable.

El citado texto de Plutarco, como hemos visto, se ha considerado alusivo a Canarias. Sin embargo, no estamos tan seguros de que se trate realmente de las islas de este Archipiélago, aunque no deja de ser, por nuestra parte, más que una hipótesis, como tantas otras de las expresadas en este libro, pendiente de que pueda ser mejor contrastada en el futuro.

IV.3. El Periplo de Estacio Seboso, descubridor de las *Afortunadas*

Estacio Seboso[109] fue, sin duda, una de las fuentes primordiales para la elaboración de la obra de Juba II en relación a estas latitudes atlánticas, aunque conviene señalar que, desde nuestro punto de vista, su relación con el rey mauritano resulta algo problemática por la falta de claridad en la determinación de las fechas, por lo que el análisis de su figura y obra lo consideramos fundamental, ya que se trata de un naturalista y viajero romano, posiblemente del siglo I a.C., autor de una obra de corte geográfico donde abundaban innumerables referencias de carácter paradoxográfico. Su conexión con el informe de Juba II parece radicar en la autoría de un Periplo, desafortunadamente perdido, en el que partiendo de Cádiz describiría los archipiélagos de la costa atlántica africana, por occidente (llegando incluso hasta las riberas del Ganges, por oriente). Es en este punto donde nos habla, siguiendo siempre la información recogida en Plinio[110], de una serie de grupos de islas entre las que se hallaban las Islas *Afortunadas*, las *Hespérides* y las *Gorgonas*, de los confines egipcios a la isla fluvial de Meroé. El problema de la cronología de este enigmático autor sigue sin resolverse, pues en su momento se pensó que se trataría de un autor del siglo I, posterior a Juba II, rey de Mauritania, que había muerto el 23 d.C.[111], pero actualmente la crítica se decanta por enmarcarlo en una cronología anterior a nuestra Era[112]. Para ello se basan, sobre todo, en ciertas referencias existentes en las cartas de Cicerón, de hacia el 59 a.C., donde se alude a nuestro autor, a quien se le consideraba versado

---

[109] Para más información véanse los estudios de W. KROLL, "*Sebosus*" en *RE*, III A, 2 (1923), col. 2223; A. KLOTZ en *RE*, II A, 1 (1921), cols. 966-967, s.v. *Sebosus* y los del profesor MARCOS MARTÍNEZ HERNÁNDEZ, bajo la entrada "Estacio Seboso" en la *Gran Enciclopedia Canaria*, t. VI, Las Palmas de Gran Canaria, 1998: 1437.

[110] Solo se registran cuatro citas sobre Seboso y todas se deben a Plinio el Viejo, *Nat.* 6. 183; 6. 200-201; 6. 202 y 9. 46.

[111] Tesis defendida por H. BARDON, *La Littérature Latine inconnue, T.II, Época Imperial*, Paris, 1956: 143-144.

[112] Como apunta M. MARTÍNEZ HERNÁNDEZ, "Estacio Seboso", *art. cit.*, mantiene esta de Sertorio y señala las cartas a Ático: 34.2.2 = 11.14.2 y 35.3 = 11.15.3).

en asuntos geográficos, además de un íntimo colaborador político de Quinto Lutacio Catulo y contertulio, además, del propio Cicerón. Se ha querido datar su obra perdida antes del 40 a.C., fecha en la que Salustio acabaría sus *Historias*, y donde recogería noticias del *Periplo* contenidas en su obra[113]. Y, por su parte, Plinio alude a él como un personaje que viviría en torno al año 35 a.C., por lo tanto, como decimos, de fecha "un poco anterior a Juba".

Una vez superada, pues, la polémica relativa a la cronología, hay que constatar que de sus escritos solo han sobrevivido algunos fragmentos, el más importante de los cuales para el conocimiento de las Islas Canarias en la Antigüedad es, sin duda, el que nos transmite Plinio, *Nat.* 6. 201, donde el historiador latino se hace eco de datos tomados de la obra de Estacio Seboso, quien habla de unas islas *Hespérides* y *Gorgonas* y de las distancias que las separan entre sí, citando además, en 202, unas islas *Afortunadas*[114], subdivididas en dos grupos de tres y dos islas, con el detalle de algunos aspectos de su topografía. El debate acerca de cuáles pueden ser estas cinco islas ha resultado estéril y lo único que puede determinarse con seguridad es que se trata de una de las primeras descripciones geográficas reales de las islas *Afortunadas*.

Plinio nos presenta como textos bien diferenciados, por un lado, el de Estacio Seboso y, por otro, el de Juba II de Mauritania. El naturalista empieza el relato hablando de las Islas *Afortunadas* para intercalar inmediatamente la ficha extractada de Estacio Seboso, y después nos presenta su sinopsis del informe elaborado por Juba II de Mauritania. Comienza ofreciendo sus informaciones en referencia a las islas de Mauretania, diferenciándolas claramen-

---

[113] Respalda esta idea también JOSÉ A. DELGADO DELGADO, "Las islas de Juno: ¿hitos de la navegación fenicia en el Atlántico en época arcaica?", *The Ancient History Bulletin* 15 (1-2), 2001: 29-43, y 34-35, apoyándose en las teorías de CURT MÜLLER, *Studien zur Geschichte der Erdkunde im Altertum. I. Die Kunde des Altertums von den Canarischen Inseln. II. Statius Sebosus (diss.)*, Breslau (1902): 31 ss.; W. KROLL, "Statius Sebosus", *RE* III, A,2 (1929): 2223; F. Lasserre, "Sebosus Statius", *KlPauly* 5 (1975): 59 y, como ya hemos señalado, M. MARTÍNEZ HERNÁNDEZ (*ob. cit.*, n. 5). Ante esta variedad de posturas, se inclina Delgado a afirmar que la cronología más segura es la que sitúa al personaje entre el s. I a.C. y anterior al reinado de Nerón (54-68 d.C.), tomando como base a Plin. *Nat.* 6. 183, donde se precisa que su obra es posterior a la de Artemidoro de Efeso (*floruit* hacia el 104-101 a.C). Según se deduce de los fragmentos conservados, debió escribir alguna obra geográfica, quizás con ciertos tintes más propios de la literatura paradoxográfica, sobre Libia y la India, y con un carácter compilatorio. En contra de esta datación de Estación Seboso se encuentra, entre otros, A. KLOTZ (1921): *ob. cit.* J. DELGADO sugiere, además, la consulta de su artículo "De Posidonio a Floro: las *insulae Fortunatae* de Sertorio", *Revista de Historia Canaria* 177 (1993): 66, n. 25.

[114] Cita una isla *Iunonia*, que la separa 750 mil pasos de Cádiz, la misma distancia a la que se hallan *Pluvialia* y *Capraria* de *Iunonia*, pero en dirección al ocaso.

te de las *Gorgonas* y de las *Hespérides*, de las que habla en 201, y a las que se refiere en 202, como *ultra eas* y señalando que, a este respecto, los datos no son del todo exactos, pues *nec Mauretaniae insularum certior fama est* ("no es más segura la noticia sobre las islas de Mauretania").

Y en cuanto a las noticias ofrecidas con anterioridad por Seboso en referencia a las *Hespérides*, Plinio las tacha de poco precisas[115], así como los datos referentes a la distancia que separa a estas islas de las *Gorgonas* en navegación costera ante el Atlas, cuarenta días, y a las *Hespérides* del *Hesperu Ceras*, ya que en el conjunto de las informaciones geográficas de Plinio el Viejo, nuestro autor comienza sus investigaciones en el libro III sobre la geografía del Mediterráneo occidental, mientras que en el libro IV, lo hace sobre el Mediterráneo oriental y la geografía de África. Y en el libro V, Oriente Medio y Turquía, terminando su periplo en el libro VI, en el que aborda la geografía de Asia, para culminar estas investigaciones dirigiéndose de nuevo a Occidente, a partir del parágrafo 199 hasta terminar con las noticias relativas a las Islas *Afortunadas*.

Así, en su retorno a Occidente, al tratar en el libro 6, parágrafo 198, las costas e islas del Mar Etiópico, y tras hablar de estas islas, siguiendo las informaciones aportadas por Polibio y Cornelio Nepote, nos informa sobre dos islas atlánticas, situadas "en el extremo de Mauritania, frente al monte Atlas", que son *Cerne* y la isla conocida como *Atlántide*, así como del cabo denominado *Hésperu Ceras* (de *κέρας, -ατος* (τό): "cuerno; pico o cima de una montaña, ángulo o extremo" y *Hesperis, -idis*, de 'Hesperia, de poniente': literalmente "el extremo Hesperio", la parte más occidental del continente africano), donde "la línea de la costa gira por primera vez hacia el ocaso y hacia el mar Atlántico".

En relación a las *Gorgades Insulae*, señala Enrique Gozalves Cravioto[116] que las escasas informaciones existentes reflejan que realmente, las islas del Atlántico Sur eran bastante desconocidas en época romana. El texto de Plinio, *Nat.* 6. 200-201 comienza hablando de islas con unas referencias muy poco seguras, como así lo expresa en la siguiente línea: *omnia circa hoc in-*

[115] Es importante también su referencia de que "las Afortunadas se encuentran a doscientos mil pasos frente a la costa este de la Mauritania rumbo a la octava hora del sol". Además, dice de *Pluvialia* que no tiene más agua que la de la lluvia; que *Invalle* se llama así por su suelo ondulado y tiene un contorno de 300 mil pasos, donde crecen árboles de ciento cuarenta pies de altura y que *Planasia* recibe su nombre por su aspecto llano, como se ha señalado más arriba.

[116] E. GOZALBES CRAVIOTO, "África en el imaginario: las exploraciones geográficas del rey Iuba II de Mauretania", *Stud. hist., H.ª antig.*, 29, 2011: 168.

certa sunt..., e incluye el dato de unas islas *Gorgades*, vieja mansión de las *Gorgonas*, que no serían otras que las de los gorilas de Hanón. Por otra parte, Estacio Seboso mencionaba una larga distancia entre estas islas de las *Gorgonas* y las de las *Hespérides*, que se hallaban estas últimas delante de la costa africana, frente al Atlas, y a un día de navegación del promontorio llamado *Hesperu Ceras* o "Cuerno del Occidente"[117].

En este contexto, conviene señalar que cuando en 1344 el Pontífice Clemente erigió el principado de las Canarias a favor del infante D. Luis de la Cerda, o Luis de España -como dice la Bula-, le concedió todas las islas llamadas *Afortunadas*, así del Océano como del Mediterráneo. Parece que la falta de conocimientos geográficos hizo que la nomenclatura fuera incompleta y solamente se citaban en la Bula las islas de *Canaria, Ningaria*[118], *Pluviaria, Capraria, Junonia, Embrónea, Atlántica, Hespérida, Cernent, Gorgona* y la *Goleta* -esta última situada en el Mediterráneo-, como lo advierte la misma Bula. En la cartografía de épocas posteriores, no resulta extraño encontrar estas citas y así aparecen en el *Mapa histórico Insulae de Cabo Verde Olim Hespérides, Sive Gorgades* de Gerard Valck de Belgice de Toute Elanden[119].

Debemos recordar que, según el poeta griego Hesíodo, habitaban en el lejano occidente, al otro lado del Océano, donde se encontraban los límites de la Noche. No obstante, hay constancia de que en el mundo romano no circulaban apenas datos y no había una identificación segura para estas Islas

---

[117] *Hesperides, -um*: 'las Hespérides', del griego Ἑσπερίδες (las "Vespertinas" o "las Occidentales") eran hijas de la Noche según Hesíodo y moraban en un hermoso jardín de árboles de frutos de oro que vigilaba una enorme serpiente (en griego *drákon*) y entre sus vecinos se contaban Atlas y también las Gorgonas. Su etimología proviene de *Ἕσπερος*, Héspero, la estrella vespertina. Según el mito fue hijo o hermano de Atlante y el primero en ascender a la cumbre para observar las estrellas. Fue arrastrado por una tempestad y desapareció, pero los hombres imaginaron que había sido transformado en una estrella y dieron su nombre al astro benefactor que cada atardecer trae el descanso de la Noche. Héspero es presentado como el padre de Hespéride, que casada con Atlante, le dio por hijas a las Hespérides. Cf. P. GRIMAL, *Diccionario de Mitología Griega y Romana*, Ed. Paidós, Barcelona, 2010.

[118] Decía PLINIO en *Nat.* 3. 3: "El orbe completo de la tierra se divide en tres partes: Europa, Asia, Africa. Mi punto de partida es el poniente y el estrecho de Gades, por el que el Océano Atlántico irrumpe y se derrama por los mares interiores. A la derecha, según se entra, está Africa, a la izquierda Europa, en medio de las dos, Asia. Los límites son los ríos Don y Nilo...". PLINIO EL VIEJO, *Historia Natural*, tomo II (libros III-VI), Biblioteca Clásica Gredos, Madrid, 2016. Traducción de Alfonso Hernández Miguel, Antonio Fontán, Encarnación del Barrio, Ignacio García Arribas, Mª Luisa Arribas.

[119] Información recogida en ROSENDO GARCÍA-RAMOS BRETILLARD: "Las Islas Górgades o Gorgonas", publicado en *Diario de Tenerife* el 17 de mayo de 1902. Documentación obtenida de Jable (Archivo de prensa digital de la ULPGC).

Górgades. Uno de los escasos testimonios de que disponemos es el de Pomponio Mela 3. 96-99: *Tunc rursus Aethiopes, nec iam dites quos diximus nec ita corporibus similes, sed minores incultique sunt et nomine Hesperii.* [...] *Contra eosdem sunt insulae Gorgades, domus ut aiunt aliquando Gorgonum. Ipsae terrae promunturio cui Hesperu Ceras nomen est finiuntur* (96: "Luego hay de nuevo etíopes, y no los que hemos dicho que son ricos ni tampoco semejantes en estatura, sino que son más pequeños y salvajes y reciben el nombre de hesperios" [...] 99: Enfrente de ellos mismos están las islas *Górgades*, morada una vez de las *gorgonas*, según dicen. Esas tierras precisamente terminan en el promontorio que lleva el nombre de *Hesperu Ceras.*

En este contexto, Estacio Seboso (Plin. *Nat.* 6. 201) había hablado de un templo de la diosa Juno en Cartago, donde Hanón expuso las dos pieles arrancadas a las *Górgadas*, a pesar de que en el aparato crítico observamos la lectura *Gorgonum* que parece más próxima a la realidad, ya que los monstruos eran las *Gorgonas*, *Gorgones, -um* (f. pl.), con la forma *Gorgonas* para el acusativo. Esta mención de Plinio el Viejo nos sirve para analizar con más detalle la etimología del término, pues recoge dos formas para el genitivo plural: *Gorgonum* ("Gorgonum quondam domus") y *Gorgadum* ("duarum Gorgadum cutes") y en el aparato crítico figura también la forma *Gorgonum* (conjeturas de S), en lugar de *Gorgadum.* El sustantivo es *Gorgo/Gorgon, Gorgonis* (f. sg.): 'una *Gorgona*'; y *Gorgones, Gorgonum* (ac. Gorgonas): 'las *Gorgonas*'. Y es de aquí donde surge el nombre de las islas del Atlántico *Gorgades*, -um, femenino plural de la 3ª declinación, 'las *Górgades*', en griego *Γοργόνες* (*Gorgónes*), de *γοργώ gorgō* o *γοργών gorgō*, 'terrible'. Otras referencias a estas islas se encuentran en: Solin. 56. 11.12, Mart.Cap. 6. 702 y Mela[120].

Una posible localización, a partir de los Elogia de Tribaldos, la ofrecen Trinidad Arcos y Gregorio Rodríguez: "Las *Górgades* son identificadas con las islas dos Bissagos por M. Cary y E. H. Warmington, a principios del siglo XX, lo cual se refleja en la noticia que ofrece Plinio de que de allí se llevó Hanón dos pieles de 'mujeres velludas' o 'mujeres *górgades*' que llevó hasta el templo de Cartago" (Plin., *Nat.* 6. 200; Hannón, *Peripl.* 218)[121].

---

120 POMPONIO MELA 3.99.33: "Enfrente de ellos mismos están las islas Górgades, morada una vez de las gorgonas, según dicen. Esas tierras terminan, precisamente, en el promontorio que lleva el nombre de 'Hesperu Ceras'".

121 TRINIDAD ARCOS y GREGORIO RODRÍGUEZ, "Las islas del Atlántico en la *Epaenesis Iberica* de Luis Tribaldos de Toledo", *Humanistica lovaniensia: journal of neo-latin studies,* 51, 2002: 273-284, nota 34. Estos autores destacan el parecido entre los seres descritos en las *Górgades* y los grandes simios antropomorfos ecuatoriales, pudiendo reconocerse en ellos "a

Por todo lo dicho, la concordancia entre las noticias de Seboso y las de Juba no son fáciles de casar y Plinio retoma, como ya apuntamos, la información primera del mauritano y continúa con la enumeración de las seis islas. Estas tres ideas nos llevan, apoyándonos una vez más en Alberto Díaz Tejera[122], a considerar que Plinio le otorgó mayor relieve a las informaciones del monarca mauritano, como se deduce de la disposición de la ficha, mientras que la de Seboso aparece como un paréntesis a modo de información complementaria, cuando dice: "que el mismo **Seboso**, **que expresó también las distancias**, asegura que **Junonia**[123] dista de Cádiz 750.000 pasos...", aunque no ofrece la situación geográfica de *Iunonia* y solo señala la distancia que la separa de *Gades*, 750 mil pasos, unos 1.104 km. Sin embargo, sí aporta, por el contrario, la localización de *Pluvialia* y *Capraria*, también a 750 mil pasos, 1.104 km de *Iunonia*, navegando hacia Occidente, cuando la distancia más alejada entre El Hierro, la isla más occidental y Puerto del Rosario, en Fuerteventura, la más oriental, es de 258 millas náuticas, unos 477'3 km. Por otra parte, mantiene que desde este grupo a las *Fortunatae insulae* hay 250 mil pasos, 368 km, y que se hallan frente al margen izquierdo de Mauretania en la octava hora del sol. Finalmente, en cuanto a medidas, debemos señalar que Seboso informa de que el perímetro de *Invallis* es de 300 mil pasos, 441'6 km, mientras que Tenerife, la mayor isla de este Archipiélago, tiene un perímetro menor, en torno a 147'5 km.

En este contexto, pensamos que resulta fácil entender un texto, siempre de difícil comprensión, que fue relatado por el cronista-historiador de Canarias, originario de Cremona (Italia), L. Torriani –autor del siglo XVI-, al que ya nos hemos referido, cuando precisa que el descubrimiento de estas Islas habría tenido lugar durante el mandato del rey mauritano (25 a.C.-23 d.C.), y "...quedaron después desiertas y casi desconocidas, durante muchos años, **y que más tarde las volvió a descubrir Juba**"[124], confirmando de este modo que, en efecto, pudieron haber sido conocidas con anterioridad a la exploración del Archipiélago realizado por aquel, por lo que en este contexto, la alusión de Torriani nos parece de un extraordinario interés, sobre todo porque de esa forma la información cobra sentido y nos permite entender cómo debió de haberse producido el primer descubrimiento de las islas.

---

individuos de la especie Gorilla occidental *(Gorilla gorilla gorilla)*. Aunque, en la actualidad, esta especie tiene una distribución muy reducida; en el pasado, sin embargo, su área de distribución fue mayor, coincidiendo a grandes rasgos con la de la pluviselva ecuatorial".

[122] A. DÍAZ TEJERA, *ob. cit.*: 13-17.

[123] Debe su nombre a la diosa romana Juno, asimilación de la Hera griega.

[124] L. TORRIANI, ([1597]/1978): 20.

En ese caso, además del Redescubrimiento realizado por los europeos durante el Medievo -en el espacio temporal que media entre los años 1291 y, quizá, 1312-, desde la Antigüedad ya se podría hablar también de un "Redescubrimiento", aunque no sería tal, sino acaso un conocimiento mejor documentado de estas islas en tiempo de Juba, ya que a la vista de su descripción, parece evidente que de ellas conocería todo lo necesario, confirmando así que habría manejado los informes elaborados por el propio Estacio Seboso sobre su descubrimiento, por lo que mediada ya la última centuria antes de la Era, sería posible concluir, con relativa seguridad, que fuera, en efecto, este marino, de nombre conocido, el primer descubridor del Archipiélago, y no Juba II, como ha sido tradicionalmente aceptado por la historiografía pliniana.

Una cuestión que consideramos interesante destacar, igualmente de las líneas del texto, se refiere al puerto de partida del que debieron salir las dos expediciones exploratorias del Atlántico que figuran en él. La de Estacio Seboso se hizo desde Cádiz, ya que por la fecha en la que tiene lugar este viaje, quizá en torno a la mitad del siglo I a.C., el lugar de partida sería, en efecto, el puerto gaditano, porque los romanos no tendrían aún controlado el de Essauira/Mogador. Por el contrario, la enviada por Juba II de Mauritania ya se haría desde las Purpurarias, porque por las fechas en las que Juba II manda realizar esa expedición, los romanos habían ocupado el oeste del continente, después de que hubieran tomado posesión de esos territorios y ya podían contar con este puerto en el Atlántico que les facilitaba un mejor movimiento por el litoral africano.

IV.4. Las *Afortunadas* de Plinio, entre el mito y la realidad

Antes de analizar el periplo de Juba que estudiaremos a continuación, nos ha parecido de interés referirnos al modo en el que Plinio cita la ubicación de dos islas a las que denomina *Afortunadas*. La manera en la que son ubicadas, así como el propio nombre, ha generado en muchos estudiosos una cierta perplejidad, como también nos ha sucedido a nosotros porque, en apariencia, resulta una contradicción evidente cuando el texto tiene como finalidad dar cuenta de la existencia de unas islas en el Atlántico, a las que se les conoce con aquel apelativo y que además forman un conjunto bien definido, resultando paradójico por ello que en una de las líneas haga una alusión expresa a la existencia solo de dos de ellas, a las que distingue, incluso, con igual nombre con el que parece definirlas a todas en su conjunto, pero, sin embargo, por la manera en la que lo expresa induce a pensar que, en realidad se trataría de islas diferenciadas.

Este hecho ha dado pie a pensar que la presencia de estas dos islas incluidas en el texto, se debiera a una confusión de Plinio o a una mala interpretación de los manuscritos que manejó. No obstante, no parece que se trate de algo aleatorio, sino que las sitúa al oeste de la costa atlántica africana, de las que, de manera precisa, nos aporta la distancia donde se hallan ubicadas, y, por tanto, bien diferente al lugar en donde se encuentran las restantes y de las que asimismo nos informa, pero con la particularidad de que a las otras las describe siguiendo una ruta por occidente que contrasta con el modo en el que, sin embargo, ha ubicado las llamadas *Afortunadas* que, por el contrario, fueron descubiertas y observadas en una ruta más al oriente, cercana al continente. En este contexto, y para entender mejor lo que el naturalista latino quiso expresar, conviene volver al inicio del texto cuando habla de las ***Islas Afortunadas* y algunas otras**, que más adelante las citará, según lo contenido en los manuscritos de Estacio Seboso y de Juba II, como se ha señalado.

Esta aparente contradicción ha contribuido, quizá, a que un buen número de estudiosos haya considerado estas líneas del texto de difícil aceptación, cuando dice que para llegar a ellas desde las islas *Pluvialia* (*Ombrios*) y *Capraria*, situadas en el Ocaso, es decir, occidente, era necesario navegar hacia el oriente hasta alcanzar el Orto, lugar donde se hallan estas *Afortunadas*, a una distancia de "...**250 millas (...) frente a la costa izquierda de Mauritania y hacia el suroeste**[125]".

La primera impresión es, pues, como decimos, de que se pudiera tratar de un posible error, o acaso de una interpolación que resultaba contradictoria con el contenido general de la narración. Sin embargo, si estuviéramos en lo cierto, de que antes del periplo de Estacio Seboso, las primeras islas descubiertas fueron, en efecto, las más orientales, Lanzarote y Fuerteventura, no sería de extrañar, pues, que a ambas se les hubiera denominado propiamente *Afortunadas*, como así se llamaron, también, las del entorno de Cádiz y más tarde las de Mogador, tal como sucedió, según hemos estudiado más arriba.

[125] V. BEJARANO, 1987: *ob. cit.*: 135.

Entre los años 82 y 81 a.C., unos pescadores habían descubierto dos islas, situadas muy cerca de África, a las que nombraron *Las Afortunadas*, islas que desde antiguo se creían asociadas con el imaginario griego donde iban a parar las almas de los bienaventurados o afortunados, de manera que esta primitiva denominación mítica, así como su ubicación, se fue alejando a medida que se conocieron las nuevas tierras exploradas, por lo que en este contexto, la referencia a estas islas, no solo no habría de ser considerado un error, sino que, por el contrario, enriquece y explica mejor el contenido del texto, al confirmar ahora una realidad geográfica tangible, que durante siglos solo había formado parte de un mundo imaginado.

En nuestra opinión, aquellas dos primeras islas conocidas en el Atlántico coincidirían, del mismo modo, con las de Mogador, cuando fueron descubiertas por los romanos, seguramente desde el Periplo de Polibio, por lo que la referencia aquí al término *Afortunadas* –que incluye *Invallis* y *Planasia*-, nos parece que antes de considerarlas una posible confusión de Plinio, como decimos, se trataría, en realidad, de un dato de gran relevancia porque se está refiriendo a cómo los romanos fueron descubriendo, poco a poco, la costa africana, después del año 146 a.C., haciendo suponer que el primer descubrimiento de las Islas Canarias se habría hecho siguiendo, primeramente, una ruta ceñida a la ribera africana, lo que favorecería, sin duda, el conocimiento de esas dos *Afortunadas*. Y, solo con posterioridad, continuarían por otro derrotero desde el Occidente hasta irse acercando hacia el continente, teniendo siempre presente estas otras islas que, como decimos, habían sido descubiertas con anterioridad.

Y si estableciéramos un paralelismo de cómo los romanos fueron descubriendo este Archipiélago, y del modo en el que sucedería siglos más tarde, cuando en el primer tercio del siglo XIV se "redescubrieron" estas islas, podemos encontrar una cierta similitud con lo acaecido al genovés Lancelotto Malocello, quien, de igual manera, conoció primeramente estas dos islas orientales, las mismas que muchos siglos antes habían descubierto los romanos, además de las de menor tamaño que se conocen como Archipiélago Chinijo. Y, con posterioridad, en 1341, con ocasión de la expedición de Nicoloso da Recco se descubriría el resto del Archipiélago, por lo que fueron consideradas entonces "islas nuevamente descubiertas".

IV.5. El Informe de Juba II de Mauritania sobre la expedición a las *Afortunadas*

La información más completa que poseemos sobre las Islas *Afortunadas* es, sin duda, la que nos proporcionó Juba II de Mauritania, personaje que desempeñaría un papel muy destacado en todo lo referente al contenido del texto de Plinio que analizamos, y que es, además, una figura fundamental en los acontecimientos asociados a la historia de su mandato.

La documentación de Juba formaba parte de su libro, hoy perdido, *Sobre Libia* (*Peri Lybie o Lybiká*), donde se recogía la narración de una expedición realizada por las costas africanas, con el fin de conocer los territorios que se hallaban bajo su jurisdicción[126]. Se trataba, sin duda, de un hecho imprescindible para saber lo que había al sur de Mogador, lugar donde, como hemos visto, los fenicios se habían asentado desde antiguo. Sin embargo, desde aquí hacia el sur, toda la costa era *terra incognita*, ya que aún no había sido explorada por los romanos, por lo que Juba vuelve de nuevo a reconocer las islas que, con anterioridad, había descubierto Estacio Seboso[127].

Así, es frecuente referirse al texto pliniano con la denominación *Plinio-Juba*, ya que al haberse perdido su obra original, donde relataba las exploraciones por este mar, solo contamos con el texto del naturalista latino que recoge un breve extracto de sus escritos, junto con los datos y noticias más completas y seguras que poseemos actualmente. En cuanto a la denominación aludida, podíamos seguir ese mismo criterio y ahora referirnos a ella como de *Plinio-Estacio-Juba*, porque el naturalista latino tomó prestada información de los dos autores, y porque si seguimos un orden cronológico los datos aportados por Seboso fueron, evidentemente, anteriores a los de Juba, siendo considerado, como ha quedado dicho, el primer descubridor de las islas de quien conocemos su nombre.

Otra cuestión a tener en cuenta con relación a esta exploración es la cronología, la de precisar cuándo tuvo lugar la expedición mandada por Juba, ya que no sabemos si fue en el siglo primero antes de la Era, en el año 18 o en el 12 a.C., o después de la Era. No conocemos en qué momento se produjo este hecho. Y en lo que se refiere al recorrido y a la duración de la expedición,

---

[126] A. GARCÍA GARCÍA, *Juba II y las Islas Canarias*, Ediciones Idea, Santa Cruz de Tenerife, 2010.

[127] L. TORRIANI, *ob. cit.*: 20.

supone A. Santana Santana[128] que se tardaría entre cuatro o cinco meses, habida cuenta de que la media de navegación en esa época era de unos cien kilómetros al día, a lo que se sumaban las necesarias paradas en las islas. Se tardaría quizá unos cuarenta y dos días desde *Iol-Caesarea* (Argelia) a Mogador (Marruecos); unos veinte de ida y vuelta de Mogador a las *Afortunadas*, y entre dos o tres meses para navegar y explorar el archipiélago canario, ya que esta aventura marítima debió de gestarse en el citado puerto argelino, al encontrarse allí la corte de Juba II, aunque pudo haberse acabado de preparar, asimismo, en la costa de *Tingis* o *Lixus*, al ser puertos marítimos importantes del Atlántico. Por ello, cabría pensar que se hiciera un itinerario costero desde *Iol*, en la ribera argelina, hasta los puertos de Marruecos, y desde ahí a las Purpurarias (Mogador), y a continuación adentrarse en el Océano. Con seguridad, el lugar definitivo de la partida de esta expedición se haría, precisamente, desde la costa marroquí de Mogador, situada frente a los islotes de igual denominación. Territorio que fue ocupado por los romanos como parte de la política atlantista de Augusto. Además, en la costa marroquí se establecieron otras colonias como las de *Zelis*, *Banassa* o *Babba* y se realizaron, asimismo, importantes construcciones para favorecer la articulación del territorio a través de los *castella* y los *oppida*, haciendo uso, también, de la red de caminos que conectaban los principales asentamientos[129].

A continuación estudiaremos el proceso y las circunstancias de cómo se produjo este reconocimiento de los emisarios enviados por Juba II hacia las *Afortunadas*.

La expedición estaría formada por una serie de naves adaptadas a distintas funciones y circunstancias, como las destinadas al transporte de carga, como hemos visto, que debieron de poseer, asimismo, una tripulación variada en la que se incluirían carpinteros, constructores y otros operarios, entre los que hemos de suponer, también, que se hallarían médicos, naturalistas, matemáticos, astrónomos, geógrafos, personal de servicios, escribas, etc., como era común en los viajes de exploración, tal como se recoge en el periplo de *Hanón*, donde se contaba con la presencia de gente de diversa procedencia y variada formación. En la empresa debía de figurar, además, un barco de grandes dimensiones para el transporte y algunas birremes o trirremes, capitaneadas por pilotos expertos. La expedición debió de estar dotada,

---

[128] A. SANTANA SANTANA *et alii*, 2002: 256.

[129] S. RAVEN, *Rome in Africa*, Routledge, London, 1993: 13. Buena parte de la información que utilizamos aquí procede, asimismo, de los trabajos de Diego Gaspar Rodríguez, citados más arriba.

asimismo, de todos los aparatos de medición de la época, a los que Juba tendría acceso por sus amplios conocimientos, como también los pilotos, por lo que cabe pensar que fueran de procedencia cartaginesa, o acaso gaditana, a quienes se les consideraba peritos prácticos en las diversas técnicas de navegación para surcar el océano, según sabemos por la narración de Heródoto sobre el periplo de Necao.

Una cuestión que ha sido siempre objeto de discusión, es saber si Juba II participó de manera activa en esta expedición, aunque una lectura atenta del texto de Plinio permite rechazar toda duda al respecto, ya que a través de la narración se infiere todo lo contrario, como sucede cuando nuestro autor introduce el modo en el que presenta la información del mauritano, al decir que "Juba averiguó sobre las Afortunadas lo siguiente" (*de Fortunatis ita inquisivit*...), lo que parece evidenciar que nos hallamos ante una geografía de gabinete, puesto que el verbo *inquisivit*[130] parece confirmar, en efecto, que Juba no visitó las islas en persona[131], como así lo atestigua, también, cuando en otro pasaje alude a los dos "perros" que le llevaron a Juba los marinos de la expedición (...*quibus perducti sunt Iubae duo*...), lo que nos ayuda a confirmar que se trataba de un regalo que le hicieron al monarca por quienes realizaron esta exploración.

Plinio menciona, de forma precisa, siguiendo a Juba II, la posición de las *Afortunadas*, como hemos visto en párrafos anteriores, entre los muchos aspectos de interés que se recogen en el citado texto del naturalista latino, y en el que, a nuestro juicio, se evidencia muy claramente el conocimiento real de las Islas Canarias en la Antigüedad, de la que existe una información que juzgamos relevante, cual es la manera en la que los romanos medían la distancia por mar cuando navegaban, sobre todo por el Mediterráneo, como se ha visto en otro apartado anterior, que fue recogido por Vitruvio en el

---

130 *Inquiro* (*in-quaero*), por lo que a partir de *quaero*: 'buscar, indagar', 'buscar con cuidado', se llega a 'investigar, examinar, estudiar'. En este punto debemos apuntar la existencia de la perífrasis *inquisitum ire*: 'tomar informes'.

131 No olvidemos que este viaje debió de hacerse en un momento en el que ya las tribus *gétulas* comenzaban a suponer para el monarca un auténtico quebradero de cabeza. Examínese los estudios de M. BÉNABOU, *La résistance africaine à la romanisation*, Paris, 1976; J. DESANGES, "Le triomphe de Cornélius Balbus, 19 av. J.C.", *RAF*, 101, 1957: 5-43; J.M. LASSERE, "Un conflit 'routier': observations sur les causes de le Guerre de Tacfarinas", *Antiquités africaines*, 18, 1982: 11-25; H. PAVIS D'ESCURAC, "Les méthodes de l'imperalisme romain en Maurétanie en 33 avant J.C. á 40 aprés J.C.", *Ktema*, 7 1982: 226-231; M. RACHET, *Rome et les Berbères. Un probleme militaire d'Auguste à Dioclétien*, Bruselas, Latomus, 1970; R. SYME, "Tacfarinas, the Musulamii and Thubursicu" en *Roman Papers* (ed. E. Badian), Oxford, 1979: 218-230.

capítulo noveno de su obra *De Architectura* -de la edición que manejamos- referido al modo en el que contaban las millas recorridas. Este dato nos sirve, sin duda, para verificar la exactitud del recorrido que las naves mandadas por Juba realizaron en su derrota hacia las Islas Afortunadas-Canarias.

Sin embargo, una cuestión que puede considerarse confusa en la redacción del texto de la *Naturalis Historia* de Plinio, es la de las medidas, pues las distancias se ofrecen en millas[132] y pasos[133] romanos, frente al cómputo tradicional en estadios que nos fue proporcionado por Estrabón[134]. Probablemente, los datos derivan de la Memoria del Mapa de Agripa, de inicios del siglo I d.C., así como de la *Diuisio Orbis* y la *Dimensuratio prouinciarum*, pero en algunos casos parece que los ha obtenido de algún mapa, ya que las distancias las presenta en línea recta, posiblemente gracias a la escala[135].

En cuanto a las diferentes derrotas que debió de hacer la expedición se han hecho un buen número de propuestas de las que no vamos a entrar en discusión sobre ello porque desbordaría las previsiones de este libro, pero de las que destacaremos la de P. Barker-Webb y S. Berthelot[136], que nos hablan de un viaje por el interior del Archipiélago, o lo defendido por J. B. Thatcher[137], quien atestigua una ruta norte que enlazaría Madeira y Porto Santo con las *Afortunadas*; o la de las Salvajes, que fue propuesta por Juan Álvarez Delgado[138], así como el recorrido de Madeira, hipótesis debida a G. De Sagazan[139]. Tampoco consideraremos la ruta de la ribera africana de P. Schmitt[140], ni el derrotero litoral con regreso por Madeira, como ha sugerido V. Manfredi[141]. Nosotros seguiremos, en cambio, el itinerario ibero-mauritano

---

132 *Mille passuum* (milla) equivalía a 1.000 pasos (1.478m).

133 *Passus* (paso), 5 pies (1'478m. Otros autores redondean en 1'5 m). Un pie medía aproximadamente 0'30 m.

134 Un estadio equivalía a 1/8 de milla, 185 m. Según el DRAE, una milla equivale a 8 estadios, 187'5 metros. El estadio griego medía entre 177'6 y 192'3 m, con una media de 180 m (184'95 m). El estadio egipcio usado por Eratóstenes medía 157'5 m, mientras que para algunos autores clásicos llegaba a 222'2 m.

135 Cf. O.A.W. DILKE, *Greek and Roman Maps*, Londres, 1985: 44-52.

136 P. BARKER-WEBB Y S. BERTHELOT ([1835]/2023), *Histoire Naturelle des Îles Canaries*, III tomes, Legare Street Press, New York.

137 J. B. THATCHER, *Christopher Colombus: His life, His Work, is Remains*, Nueva York, 1903.

138 J. ÁLVAREZ DELGADO, 1945, *art. cit.*: 26-61.

139 G. DE SAGAZAN, "L'exploration par Juba II de îles Purpuraires et Fortunées", *Revue Maritime*, III, 1956: 1113-1121.

140 P. SCHMITT, "Connaissance des Îles Canaries dans l'Antiquité", *Latomus, Revue d'etudes latines*, XXVII, 1968: 362-391.

141 MANFREDI, *Las islas Afortunadas. Topografía de un mito*, Madrid, 1997.

defendido por A. Santana Santana *et al.*[142], ya que el periplo de Juba II, tras haber partido de Mogador, debió de abordar el archipiélago canario por La Palma, si nos atenemos a las corrientes y a los vientos alisios, a los que nos referimos en otro apartado.

El conocimiento y la averiguación por Juba de las Islas *Afortunadas*, a lo que ya nos hemos referido, entraba dentro de los intereses científicos, y también estratégicos, del rey mauritano, como ocurrió, de igual modo, al informarse de otros lugares, según lo confirma Plinio en *Nat.* 5.51, interesado por saber dónde se hallaban las fuentes del Nilo que él ubicaba en el Atlas, sobre el que dice: "nace en fuentes poco seguras y discurre por desiertos y zonas muy cálidas por un amplísimo espacio de longitud y sólo se le ha buscado de una forma pacífica sin las guerras que han descubierto todas las otras tierras, tiene su origen, según el rey Juba ha podido averiguar, en un monte de la Mauretania inferior, cerca del Océano, formando un lago llamado Nilide. Allí pueden encontrarse los peces alabeta, coracinos y siluros...".

Por su parte, V. Manfredi[143] cree que la expedición de Juba II a las *Afortunadas* debió de realizarse en el ámbito del vasto programa de exploraciones (con finalidad fundamentalmente estratégica) desarrollado por Augusto, según se recoge en las *Res gestae divi augusti.* Las informaciones de dicho programa sirvieron, posiblemente, para realizar el *orbis pictus* de Agripa, el gran mapa de la ecúmene del cual, probablemente se derivó también la *Tabula Peutingeriana*, el máximo monumento cartográfico que nos ha transmitido la Antigüedad. En tal caso, no nos apartaríamos mucho de la verdad al situar la empresa de Juba entre el 20 y el 13 a.C., año de la muerte de Agripa. Pero no tenemos ningún dato sobre las Islas Canarias en el citado mapa, ya que más al sur de Mogador que se puede identificar con el portus Rhysadir que figura en él, ya que solo da el nombre de algunos ríos, entre ellos el Darat, de un promontorio, y de diversas poblaciones, pero todo colocado al azar (Plin. *Nat.* 5. 9-10).

---

142 A. SANTANA SANTANA *et al.*, 2002: 256-261.

143 V. MANFREDI, 1997: 3. Véase también S. Gsell, 1972, *ob. cit.*, t. VIII: 59.

IV.6. *Ombrios*, la isla de la lluvia. ¿Geografía real o fabulada?

En los capítulos anteriores nos hemos referido a la existencia de las dos rutas que creemos fueron conocidas por los romanos para alcanzar las Islas *Afortunadas* (Canarias), por lo que para la comprensión del texto, conviene tener en cuenta que el primer descubrimiento debió de hacerse, como hemos visto, siguiendo una travesía de cabotaje por la costa africana, lo que, sin duda, favoreció el descubrimiento a los primeros exploradores de las dos islas más cercanas al continente, *Invallis* y *Planasia*, que figuran en el texto pliniano con el nombre de *Afortunadas*. Esta primera ruta, pues, se haría costeando la ribera continental hasta llegar a Cabo Juby, un accidente geográfico, especialmente relevante, a partir del que ya podían orientarse y saber a la altura a la que se hallaba el Archipiélago, cuestión sobre la que volveremos cuando nos refiramos a uno de los posibles orígenes de la siempre discutida denominación de la isla *Canaria*. De la lectura se infiere, claramente, la ubicación y el conocimiento preciso de estas dos islas que se puede parangonar, sin duda, con lo acaecido en el viaje del genovés Lancelotto Malocello, quien en el primer tercio del siglo XIV conoció únicamente las dos más orientales, como más tarde quedó bien documentado en el primer portulano del cartógrafo mallorquín, Angelino Dulcert, quien nos aportó su imagen prístina el año 1339.

Lámina de J. A. Álvarez Rixo: el Teide visto desde las Islas Salvajes (Biblioteca ULL).

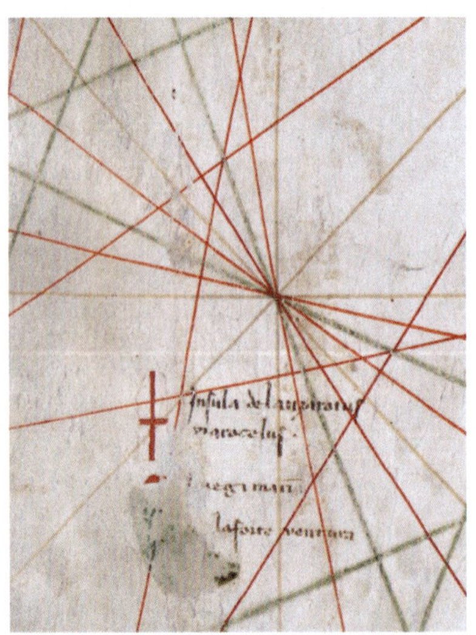

Portulano de Dulcert (arriba), con detalle de las islas orientales: Lanzarote (*Insula de Lanzarotus Marocellus*), con el escudo de la República de Génova, Lobos (*Vegi Mari*) y Fuerteventura (*Laforte ventura*).

Más tarde, y ya bien conocida esta ruta, se realizaría otra con dirección, primero suroeste, y desde las islas occidentales se irían acercando hacia el continente para encontrarse con aquellas dos. Esta otra ruta se tomaría, como decimos, en dirección suroeste, de forma que después de haber partido de Mogador, al cabo de un tiempo de travesía pudieron columbrar, a lo lejos, la gran mole del Teide que se podía otear desde una gran distancia, como sobre ello ya nos hemos expresado, por lo que ambas rutas aparecen muy bien explicadas en la descripción de las siete islas que figuran en las distintas líneas del texto.

Este recorrido sigue una travesía alejada de la costa con una orientación más al oeste, hacia el interior del Atlántico, como se puede comprobar por el modo en el que se describen las islas y que coincide con la disposición en la que se encuentran situadas las más occidentales, aunque con una particularidad, que advertimos para una mejor comprensión de lo que se narra en el texto.

Si se observa la descripción de manera detenida, se puede comprobar que figuran al inicio cuatro islas, incluyendo *Ombrios*, y no tres, como era de suponer, es decir, La Palma, El Hierro y La Gomera, citadas igualmente en el texto: *Junonia maior* (La Palma) y otra más pequeña que, aunque no figura su nombre de forma expresa -ya que solo se alude a una de igual nombre, pero menor-, los estudiosos la han suplido, con buen criterio, con el de *Junonia minor* (La Gomera), en oposición a la anterior que es de mayores dimensiones. Y finalmente aparece *Caprar*ia que identificamos con El Hierro. Y para completar la descripción se dice en el texto, con absoluta claridad que, a la vista de estas –las tres citadas- aparece *Ninguaria* y frente a ella *Canaria.* Creemos, pues, que se trata de una explicación geográfica muy precisa porque, en efecto, es esta la manera en la que se hallan distribuidas las Islas en el interior del Atlántico.

Sin embargo, en el texto aparece otra isla con el nombre de *Ombrios* –escrita *Ombrion*, grafía que, como veremos, ha planteado siempre un problema para su debida comprensión, entre otras cosas, porque esta "cuarta isla" que es, por cierto, la primera a la que se alude y se reseña en el texto, ha generado un serio problema para su determinación, sobre todo para precisar a cuál de ellas se refiere. Por las características descritas se ha asociado, de manera reiterada, con El Hierro, que no tiene, a nuestro juicio, nada que ver con esta isla, ni siquiera con la ubicación en la que aparece referida, ya que no resulta posible hacerla corresponder con aquella, puesto que siguiendo la ruta arriba señalada, no casa de ningún modo por su situación, al encontrarse mucho más al sur de como figura en la descripción de Plinio.

La presencia de esta, llamémosla, "cuarta isla", ha sido uno de los muchos problemas que ha generado una gran discusión para su correcta comprensión entre quienes la han analizado. Por ello, nos ha parecido oportuno en la exégesis del texto hacer unas pocas apreciaciones sobre el modo en que el autor latino hace su descripción.

Plinio el Viejo ha sido considerado un compilador de las distintas noticias conocidas sobre las *Fortunatae Insulae*, pero como sucede siempre con estos escritores, tienen la tendencia a interpolar, cuando lo consideran necesario, sus propias explicaciones para enriquecer y hacer más comprensible la información manejada, como pensamos que también pudo ser este el caso que nos ocupa sobre la isla *Ombrios*, palabra griega que significa "lluvia, lluvioso, llovedor", y que en un contexto donde se está aportando unos datos precisos sobre unas islas que desconocen, pero de las que es necesario señalar sus nombres, características y correcta situación, creemos que no parece lógica la presencia de esta isla en el lugar donde aparece descrita, pero tampoco lo que de ella se dice, como veremos.

Para entender nuestra propuesta, pues, parece imprescindible hacer una primera puntualización sobre el problema acerca del nombre mismo, *Ombrios*, como aparece en el informe de Juba, y con el de *Pluvialia*, en el de Estacio Seboso, aunque en este caso, escrito en latín. Para analizar esta cuestión, seguiremos el estudio realizado por los investigadores Alberto Díaz Tejera y Alicia García García, quienes piensan que este nombre debe explicarse como propio de una isla mítica, antes que de un espacio real. Para ello se han basado en la expresión contenida en el párrafo alusivo a la existencia de unos árboles "de los que se extrae agua, la de los árboles negros es amarga y la de los más claros, agradable de beber"[144].

En un estudio minucioso acerca de este tema, Díaz Tejera compara el texto con otros, de fuerte raigambre mítica o poética que se asemeja, igualmente, a las dos fuentes de las que habla Homero en la Odisea, o también en los ríos de la Atlántida, donde en su ribera crecen "*dos árboles extraños*, de forma que quien coma las frutas de los del río de las penas, se deshace en lágrimas, pero quienes, por el contrario, coman las frutas de los del río de las alegrías no muere sino que rejuvenece". No obstante, el documento que mejor define este carácter mítico del párrafo citado de Plinio parece ser el de Pomponio Mela, a juicio del Profesor Díaz Tejera, alusivo, además, a unas *Islas Afortunadas* –aunque en este caso no se refiere a las de Canarias-, que se distinguen, sobre todo, "...por la extraña naturaleza de *dos fuentes*: los que gusten de una de ellas se mueren de risa y el remedio para los que así son afectados consiste en beber

[144] A. DÍAZ TEJERA, 1988: 13-32.

de la otra"[145]. Esta tradición mito-poética que, de modo similar, se halla presente en el texto de Plinio sobre la citada isla, nos parece un buen argumento para desecharla, de manera evidente, como propia de una geografía real, demostrando de este modo que nada tiene que ver con la tradicional vinculación que se ha hecho, de manera reiterada, con otras islas, pero sobre todo con la de El Hierro, según consta en muchos cronistas y escritores.

Por su parte, en el estudio de Alicia García García[146], y siguiendo asimismo la hipótesis expuesta por el Profesor Díaz Tejera, se analiza de forma minuciosa el carácter mítico del término *Ombrios*, con el mismo valor de "lluvia, lluvioso o llovedor", como hemos señalado, pero expresando, además, la particularidad de que al dios *Zeus* se le atribuye, entre otros, estos epítetos, ya que en la mitología griega existió un Zeus *Ombrios* conocido también como *Hyetios,* de "lluvia, lluvioso", con el valor cosmogónico del Dios que produce la lluvia, asociado, asimismo, con las expresiones de la "lluvia fuerte", pero sobre todo con el valor del que "hace llover", vinculados todos ellos a los rituales de la lluvia. El término "que produce la lluvia" es un adjetivo griego (registrado en algunos estudios) que se encuentra estrechamente relacionado, entre otros, con el sustantivo *ombros* (ὄμβρος, -ου (ὁ) que significa "lluvia", formas que proceden de la raíz indoeuropea **nbhro/i* "lluvia". Y en latín *imber* (*imbris* (m.), "borrasca, lluvia".

Zeus de Otricoli. Copia romana en mármol según un original griego del siglo IV a. C. (Museos Vaticanos).

La asociación del Dios Zeus con el significado de este término lo atestigua, por ejemplo, su santuario en el monte *Lycaeum* de la Arcadia; otros apelativos asociados con esta divinidad aparecen recogidos en las fuentes griegas, como refrendan, entre otros, los textos de Pausanias y Plutarco, ya que Pausanias en el libro primero, I, 32, 2, dice que "En el Pentélico hay una estatua de Atenea, en el **Himeto** una de **Zeus Hymetio**. Hay altares, tanto

145 A. DÍAZ TEJERA, 1988: *ob. cit.* 31.

146 A. GARCÍA GARCÍA, 2011, *ob. cit.:* 167-176. El lector interesado puede encontrar en este trabajo información ampliada sobre dicho término.

del Zeus-dios de la lluvia y del Apolo previsor. En el Parnaso hay un Zeus Parnetio de bronce, y un altar a Zeus Semaleus ('el que da las señales'). Hay en el Parnaso otro altar, y en él se hacen sacrificios, a veces al llamado **Zeus dios de la lluvia**, **Ombrios**, y a veces al que avisa de los males, Apemio"[147]. En el Himetio, se descubre uno de Zeus 'Himetios' y un altar del Zeus 'Ombrios', dios de la lluvia, del mismo modo que como sobre el Parnaso, uno de Zeus 'Parthenios' y otro de Zeus 'Semeleos', "que da las señales", asociadas a los fenómenos atmosféricos: Zeus es un dios del cielo y de las alturas. Además, Pausanias presenta otros altares del Parnaso al dios 'Ombrios' y 'Apemios', "que preserva de la lluvia" (compuesto de una *a*-privativa + *πῆμα*, aparentemente eso que desciende del cielo, tormentas y lluvias torrenciales). Este significado coincide, por cierto, con lo expresado en el *Viaje de los Argonautas* de Apolonio de Rodas, donde se dice que se le "... erigió un gran altar a *Zeus Icmeo* ("productor de la lluvia") y celebró sacrificios en los montes a aquella estrella de Sirio y al propio Zeus Crónida" (v. 520, p. 96), pero esta divinidad se asimila siempre a los fenómenos propios de la naturaleza y, además de generador de la lluvia, aparece vinculado, también, al epíteto de tonante –lanzador de truenos y rayos-, como suele ser representado en distintas iconografías de algunos materiales griegos, como las cerámicas.

La inclusión en este texto a una referencia mítica de estas características podría entenderse como una continuidad de las alusiones que hace el naturalista latino a otra serie de islas que, como hemos dicho, son hoy consideradas míticas o fabulosas, y con las que, en otra época, se asociaron un conjunto de ellas, entre las que se incluían, también, las Islas Canarias, debido a su ubicación en el Atlántico. Todo ello ha propiciado que a los estudiosos del texto les pareciera demasiado sospechoso la presencia de esta isla para valorar su correcta veracidad, creyendo que la totalidad de su contenido no sería otra cosa que una mera continuidad de lo que se halla en los parágrafos inmediatamente anteriores que pertenecen, como hemos visto, a islas míticas o legendarias. Por otra parte, los datos restantes existentes en el texto son, a nuestro juicio, informaciones muy precisas sobre las *Fortunatae Insulae*, por lo que, exceptuando lo referido a los párrafos citados más arriba, lo contenido en los otros resulta, por el contrario, muy coherente desde la primera hasta la última línea, como trataremos de expresarlo en los siguientes apartados. No obstante, no entraremos en un estudio pormenorizado sobre las denominaciones de las islas y otras cuestiones que han sido ya bien estudia-

[147] Cf. PAUSANIAS, 1992: 237, nota 32.

das y no precisan un análisis *in extenso*, ni tampoco es posible hacerlo en una publicación de estas características[148].

Por tanto, a excepción de lo referido a la isla *Ombrios*, el informe pliniano es un documento excepcional que resulta, a nuestro juicio, totalmente coherente, y podría ser considerado, en efecto, no solo la carta de nacimiento de las islas Canarias en la Antigüedad, como lo defendió Celso Martín de Guzmán, sino la expresión precisa de su conocimiento por los romanos y, desde luego, la primera imagen también de este Archipiélago, con la que fue conocido durante toda la Antigüedad hasta que en el Medievo, según se ha señalado, tendría lugar su verdadero Redescubrimiento por los europeos.

IV.7. La diosa Juno y las islas *Junonias*

Como hemos venido diciendo, conviene destacar del texto el orden en el que están descritas las islas más occidentales de este Archipiélago, es decir, La Palma, La Gomera y El Hierro. Las tres se distribuyen en la misma secuencia geográfica, como lo refleja el texto de Plinio, cuando alude a dos *Junonias*, una mayor (La Palma) y otra menor, *Iunonia minor* (La Gomera), haciendo la salvedad de que una se encuentra cercana a la otra. Y al presentar a la tercera, Plinio la introduce con el adverbio *deinde*, "luego", que siguiendo la relación discursiva del texto, creemos que se está refiriendo a la isla de El Hierro: *alteram insulam Iunoniam appellari; in ea aediculam esse tantum lapide exstructam. ab ea in vicino eodem nomine minorem;* ***deinde Caprariam****, lacertis grandibus refertam. in conspectu earum esse Ninguariam, quae hoc nomen acceperit a perpetua nive, nebulosam. proximam ei Canariam vocari* ("que la otra isla se llama **Junonia** y en ella hay un templecillo construido únicamente con una sola piedra; que muy cerca está la isla menor del mismo nombre y a continuación viene **Capraria** plagada de lagartos; que a la vista de ellas está **Ninguaria,** que ha recibido este nombre de sus nieves perpetuas, cubierta

148 Para los aspectos relacionados con la nesonimia -los nombres de las islas-, así como la perenne confusión entre islas reales y míticas puede verse la obra del profesor M. MARTÍNEZ HERNÁNDEZ, 1992, *Canarias en la mitología. Historia mítica del Archipiélago*, Centro de la Cultura Popular Canaria, Santa Cruz de Tenerife; *Las Islas Canarias de la Antigüedad al Renacimiento. Nuevos aspectos*, Centro de la Cultura Popular Canaria, Santa Cruz de Tenerife, 1996; *Las Islas Canarias en la Antigüedad Clásica. Mito, historia e imaginario*, Santa Cruz de Tenerife, 2002, ya citadas.

Diosa Juno, Ny Carlsberg Glyptotek (Copenhague) (Creative Commons: Carole Raddato).

de nubes, que la más cercana a ésta se llama **Canaria**"), confirmando, asimismo, el modo en el que han sido presentadas las islas más occidentales, cuya ruta sigue, en efecto, la usada de manera reiterada por los navegantes, quienes fijaban un itinerario N-S, como sucedió en 1498 en el Tercer Viaje de Colón, que se corresponde, precisamente, con la ubicación de estas tres, con la salvedad de que dos de ellas, La Palma y La Gomera, se encuentran una cercana a la otra (*ab ea in vicino*), conformando de este modo una descripción geográfica bien definida.

El nombre *Junonia* fue de uso común en la Antigüedad, ya que cuando los marineros navegaban por zonas desconocidas, o se hallaban cerca de algún peligro, era práctica habitual ponerse bajo la protección de sus principales divinidades. Esta costumbre, como es bien sabido, se mantuvo incólume durante el Medievo, y hasta tiempos modernos, en distintas zonas del Mediterráneo, en las que se hacía alusión al nombre latino de la diosa *Juno*, traslación del panteón griego de Hera, consideradas ambas la misma divinidad protectora de las aguas cuando la navegación era peligrosa, como así sucedió cuando Jasón en el *Viaje de los Argonautas* le solicitó ayuda a la diosa, con la seguridad de que se la proporcionaría. Se trataba de un signo relevante y destacado de cómo la tripulación de las naves actuaba en la Antigüedad, cuando debían de surcar mares y costas llenas de dificultades hasta tanto se podían guarecer en sitios donde encontrar un buen refugio.

A propósito de los templos consagrados a *Juno*, debemos decir que los marineros consideraban a la diosa Venus rodeada de un halo de protección para que les prestase ayuda en sus travesías, ya que la Venus marina gaditana había adquirido en el área mediterránea una gran importancia, por lo que desde época fenicia ya existía uno de sus principales santuarios en Cádiz, coexistiendo con el de Melkart, el Hércules romano, el *Herakleion* o templo de Hércules Gaditano. A esta Venus Marina se le asociaba otros apelativos como el de *Euploia*, en griego "la de la buena navegación", y su fiesta marcaba la apertura del año para las ciudades marineras[149]. Afrodita y Venus eran una misma diosa, en Grecia y en Roma, pero cuando la Venus latina recibía el sobrenombre "Marina", coincidía con la *Aphrodite Anadyomene* de los griegos, o sea, la diosa que había ceñido la diadema de su gloria ante la sagrada isla de Citera, cuando recién nacida navegaba hacia Chipre.

Y entre otros muchos ejemplos que se pueden argüir para explicar un fenómeno parecido, podemos traer a colación el de la isla, de igual nombre, que formaba parte del pequeño archipiélago gaditano, ya que Cádiz en la Antigüedad estaba formada por un conjunto de islitas, de las cuales la más importante era la propia Cádiz, a la que se le conocía como ***Eryteia*** y ***Aphrodisías***, y por los indígenas, ***Insula Iunonis***, según nos dice Plinio, lugar que más tarde se asoció, también, con la Venus marina, con lo que sus atribuciones definían aún más la función que se le había encomendado.

En este contexto se ha discutido mucho, asimismo, la presencia en el texto pliniano del término *aediculam* ("templo") en la descripción de la isla, vinculado a su nombre, según figura en el parágrafo 204, al que siempre se ha considerado la referencia a una estructura que había sido realizada por obra humana. Eso explica, a nuestro juicio, el porqué del nombre y, asimismo, el de esta divinidad, por lo que resulta evidente que al aludir a la isla ***Iunonia***[150], se refiere que "en ella hay un pequeño templo hecho solamente de piedra" (según recoge el texto latino: *aediculam esse tantum lapide exstructam...*). No obstante, Virgilio Bejarano[151] propone la siguiente traducción: "hecho con una sola piedra", con la que no estamos totalmente de acuerdo, pues el adverbio *tantum* ("solamente"), complementa al participio *exstructam* y no al sustantivo en ablativo, *lapide*, en cuyo caso hubiese aparecido *una lapide*, ya que *unus, a, um* significa "uno solo, único". En este sentido podemos manejar, asimismo, la interesante hipótesis de J. Ramón Corzo Sánchez[152], quien destaca que los santuarios de esta diosa podían ser también estructuras destacadas de la naturaleza, poniendo como ejemplo uno, existente en Argelia, donde "se realizaba una libación en honor a la Venus Marina ante un templo situado sobre un promontorio rocoso".

---

[149] Para más información consúltese el interesante estudio de J. R. CORZO SÁNCHEZ, *Venus Marina Gaditana,* Fundación El Monte, Sevilla, 1999.

[150] Véase SCHULTEN y DESSAU "Iunonia" en *RE*, tomo X,1, 1918, coll. 1125.

[151] V. BEJARANO, 1987: *ob. cit.*:136

[152] J. R. CORZO SÁNCHEZ, 1999, *ob. cit.*: 12 y 62.

Sin embargo, pensamos que en este caso se trataría de la construcción de un altar si traemos a colación, por su paralelismo, el ejemplo que se describe en la obra citada de Apolonio de Rodas, *El Viaje de los Argonautas*, donde se relata el sacrificio en un lugar del recorrido por el Mar Negro, cuando le dedicaron uno a los doce dioses del panteón griego: "**Luego edificaron allí un altar** a los doce Felices dioses, y tras hacer sobre él los sacrificios..."[153]. Cabría pensar, asimismo, y esto no deja de ser otra cosa que una conjetura por nuestra parte, que los expedicionarios de Juba II levantaran también un altar, o que ya existiera uno, hecho con anterioridad, en el supuesto, como sabemos, de que la isla hubiese sido conocida por Seboso y la gente que le acompañaba, por lo que es de suponer, pues, que el edificio observado por los expedicionarios de Juba pudo haber sido un templo, como así lo corroboran los términos *aedicula* y *aedes*, o un simple altar, consagrado a *Juno*, lo que explicaría, a no dudarlo, el porqué de la denominación de la isla.

Por ello, sería posible pensar que a La Palma se le asignaría aquel nombre, ya que desde ella daba comienzo la ruta por Occidente, por lo que era necesario ponerse entonces bajo el amparo y protección de la diosa *Juno*, la segunda divinidad más importante del panteón romano, que junto a Júpiter y Minerva formaba la conocida tríada capitolina[154].

En cualquiera de los supuestos arriba planteados -el de la existencia de una pequeña estructura o altar y el de un accidente orográfico destacado-, lo que sí nos parece posible es que los marineros asociaran la isla *Junonia* con el nombre de la diosa, por tratarse, como hemos dicho, de la costumbre ancestral de ponerse bajo la protección de esa divinidad, siempre que se movían por espacios poco conocidos, ya fuera haciendo algún sacrificio acompañado de las libaciones correspondientes, erigiendo un altar artificial, o seleccionando un accidente orográfico muy destacado que era costumbre asociar con un espacio al que podrían considerarlo adornado con cierto halo sagrado, como símbolo propio de las creencias ancestrales de estas comunidades. Por ello, no deja de resultar llamativo que ambos dioses -*Zeus Ombrios* y *Juno*, dos nombres teóforos, es decir, portadores de la denominación a dos divinidades- que presidían el panteón grecolatino como deidades principales de los antiguos, aparecieran formando parte destacada en la onomástica de las *Fortunatae Insulae*. Hipótesis, sin duda interesante y atractiva, para establecer una estrecha conexión entre los dos dioses que presidían el panteón grecorromano y que, al mismo tiempo, encabezaran el inicio del periplo por estas islas.

153 APOLONIO DE RODAS, *El viaje de los Argonautas* (v. 532).

154 J. DELGADO DELGADO: 2001.

IV.8. *Capraria*, la isla de los lagartos

Después de la referencia a las dos islas *Junonias*, dice el texto que, próxima a aquella se encuentra esta otra que aparece con el nombre de ***Capraria***, a la que se le destaca y singulariza por la abundancia de lagartos que vieron los expedicionarios, y que describen con la siguiente expresión: *lacertis grandibus refertam* ("repleta de enormes lagartos"). Uno de los aspectos más relevantes, sin duda, en la descripción de los rasgos que en el pasado caracterizaron la naturaleza de estas islas lo encontramos, precisamente, en esta de *Capraria*, que en el texto se distingue por la presencia de estos grandes saurios, poniendo el énfasis en su abundancia, dándole así mayor entidad a un hecho que de seguro los expedicionarios consideraron excepcional y diferente a todo lo conocido por ellos.

Este atributo ha sido, como veremos, el más definidor de la isla, por lo que fue destacado también en la crónica francesa *Le Canarien* cuando los cronistas hablan de El Hierro[155], en la que ponen de manifiesto este hecho tan desconocido, por cierto, para quienes no lo habían visto en ningún otro lugar. Resulta por ello pertinente señalar la coincidencia de que en la crónica francesa aparezca, precisamente, esa alusión a los lagartos, aspecto a tener muy en cuenta, al tratarse de una de las peculiaridades que mejor definió la escasa fauna terrestre existente en la isla.

La precisa referencia de Plinio a que se hallara repleta de lagartos (*refertam*), nos parece un hecho revelador que definiría, no solamente un hecho singular de su paleofauna, sino que con esa expresión se quería indicar, asimismo, que se trataba de un lugar que aún no había sido ocupado por población humana, como así lo reflejan las tres palabras del texto que aluden a su existencia. Dicho término latino da a entender que habría una gran cantidad de ellos y, además, de grandes dimensiones, como así se ha comprobado en diversos hallazgos arqueológicos y paleontológicos, como lo ha estudiado, también, el dr. Francisco García-Talavera Casañas, en un trabajo en el que hace referencia a la existencia de estos especímenes en la isla de Tenerife, cuyos restos óseos fueron documentados en las excavaciones de la Cueva de

155 "...Se encuentran lagartos grandes como un gato, pero no hacen ningún daño y no tienen ningún veneno...". Cf. *Le Canarien. Manuscritos, transcripción y traducción*, E. AZNAR, B. PICO, D. CORBELLA, Instituto de Estudios Canarios, 2003.

la Arena en la localidad de Barranco Hondo (Candelaria), resultado de los estudios realizados en ella por los profesores Manuel Pellicer y Pilar Acosta[156].

No obstante, la excepcionalidad de este hecho no puede considerarse, únicamente, un rasgo definidor y exclusivo para argumentar que se tratara, en efecto, de aquella isla, a pesar de ser, sin duda, un signo distintivo que debe ser tenido muy en cuenta para considerar que fuera, en realidad la *Capraria* de Plinio, ya que la existencia de grandes lagartos de la especie *Gallotia simonyi stehllini* fue un aspecto definidor de las islas occidentales, como también lo argumenta Arnoldo Santos[157], quien considera que se debe "tener en cuenta que había lagartos gigantes (diversas especies del género Gallotia) por esas fechas en todas las islas centrales y occidentales (La Palma, La Gomera, Tenerife, El Hierro y Gran Canaria), pero, sin duda, podría ser el sureste o suroeste de El Hierro el lugar más propicio para el desembarco, y donde más fácil sería observar a dichos animales, hoy considerados extintos en La Palma o refugiados (Tenerife, La Gomera y El Hierro) en lugares inaccesibles ante la presión humana, depredación por mamíferos introducidos, etc.".

Veremos, a continuación, algunas opiniones acerca del nesónimo *Capraria* sobre el que el ilustrado Viera y Clavijo había hecho suya la hipótesis de Saumaise y P. Hardouni, en el sentido de que esta palabra podría tratarse de una corrupción atribuida a Plinio, quien seguramente escribiría ***Savrariam*** *(sic)*, término alusivo al número de lagartos[158]. Esta idea, sin duda sugerente, hizo poca fortuna entre los otros estudiosos del problema, por lo que sería rebatida por Alejandro Cioranescu, editor de la obra del historiador tinerfeño *Noticias de la Historia General de las Islas Canarias*, quien en la nota 5 de la página 81, correspondiente a la octava edición que hemos manejado, dice al respecto: "Estas explicaciones parecen algo confusas. Saumaise suponía que en el texto consultado por Plinio, la isla se llamaba ***Savraria***, en griego, 'Isla de los lagartos'. Como la "S" griega se escribía como "C" latina, imagina Saumaise que Plinio debió de equivocarse y leer *Capraria* donde decía *Sauraria*. La enmienda es ingeniosa; pero el nombre de *Sauraria* no deja de ser simple hipótesis. Por otra parte, la correspondencia con los *caprarienses* de

[156] F. GARCÍA-TALAVERA CASAÑAS, "Gallotia goliath, el verdadero gigante". En *Canarias Insólita. Bestias, fenómenos y calamidades*, Ed. Herques, 2017: 80-82.

[157] A. SANTOS GUERRA, "Plinio y las férulas de Juba II", *Meridiano Cero*, Número 3 Año 2024: 70.

[158] SAUMAISE, C.*Caii Plinii Secundi Naturalis Historiae tomus primus (-tertius)*. 1669. Leiden. 3 tomos J. VIERA Y CLAVIJO ([1776]/1982), *Noticias de la Historia General de las Islas Canarias*. T. I. Alejandro Cioranescu (ed.), (8ª Edición), Goya Ediciones, Santa Cruz de Tenerife: 81.

Lagarto gigante de El Hierro (*Gallotia simonyi*).

Mauritania, en región desconocida es significativa. No es cierta la relación de este nombre con la presencia de cabras; puede ser como en el caso de Canaria, simple acercamiento debido a una etimología popular"[159].

Como hemos señalado, A. Cioranescu creía que la existencia de una tribu magrebí, conocida como los *Caprarienses*, así como también la de unos montes norteafricanos con igual denominación, podría ser un buen argumento para plantear un origen distinto al aceptado comúnmente para explicar el de este nesónimo. En la obra de Jehan Desanges *Tribus africaines de L´antiquité Classique* (*Tribus africanas de la Antigüedad Clásica*)[160] se hace referencia, en efecto, a unos montes y a una tribu de los *Caprarienses*, según recoge el libro XXIX de la *Historia* del escritor latino Amiano Marcellino, en torno al 374 (s. IV d.C.), al referirse a la existencia de los montes -***Caprarienses montes***- hasta donde habían penetrado las guarniciones (29.5.34, 5, 34). Y más adelante, con el mismo nombre alude a una tribu, vecina de los *Abannae* o *Abanni* -***Capraríensibus Abannisque***- (29. 5. 37). No queda clara, en ningún caso, la ubicación de estos montes ni tampoco la de esta etnia, que St. Gsell ha identificado con unos pueblos que habitaban en los bordes del Atlas sahariano, más allá del lago Hodna, al sur de Msila, en la provincia argelina de Constantina basándose, seguramente, en la alusión que se hace en el texto a la cercanía de los etíopes, lo que le induciría a ubicarlos por esta zona, aunque algunos autores como P. Romanelli los sitúa aún más al sur. En la *Tabula Peutingeriana*, por su parte, se señala a los habitantes de una *Capraria* que distaba unas siete millas de Thibilis (Annoûna, Argelia)[161]. En la nota 169, página 201, correspondiente al tomo VI de la edición de la obra de Amiano Marcelino de la edición de Les Belles Lettres que hemos utilizado, se dice que el argumento manejado por los autores citados en el texto para ubicar a los *Caprarienses* es que Teodosio se encontraba, probablemente, en la ciudad de Auzia, perteneciente a la Mauretania Cesariense, en el Atlas argelino[162], en una posición

[159] ALEJANDRO CIORANESCU: 81, nota 5, en J. VIERA Y CLAVIJO, ([1776]/1982), *ob. cit.* Ver E. CAT, *Essai sur la province romaine de Maurétanie Césarienne*, Ernest Lerroux (ed.), Paris, 1891: 23, 77 y 256. En el Capítulo III, página 23, este autor se refiere también al hallazgo en la ciudad argelina de Medea de una lámpara con la inscripción *Caprari*, que atribuye asimismo al nombre de una tribu que habitaba en las cercanías de este lugar.

[160] J. DESANGES. *Catalogue des tribus africaines de l'antiquité classique à l'ouest du Nil.* Dakar, 1962: 43 y 49. Véase también del mismo autor la voz Caprarienses, en *Encyclopédie Berbère*, Vol XI, Bracelets-Caprarienses, 1992: 1756. A. MARCELINO. *Histoire.* T. VI. *ob. cit.*

[161] ST. GSELL en "Observations géographiques sur la révolte de Firmus". *Recueil des notices et mémoires de la Societé archéologique de Constantine,* 1903, nº 36-37: 21-52.

[162] A. TEJERA, 2001: 23/2: 43-49.

estratégica central en relación a las diferentes zonas de la rebelión, por lo que es de suponer que esta pudo haber sido el área ocupada por esta tribu, según lo recoge St. Gsell.

Sobre la sugerencia de A. Cioranescu acerca del posible origen del nombre de la isla *Capraria*, en otro trabajo anterior de Antonio Tejera el nombre lo había asociado, en efecto, con la tribu de los *Caprarienses* y los montes de igual denominación existentes en el Atlas argelino. Siguiendo igual propuesta para la explicación del nombre de *Canaria* -asociado a la tribu de los *Canarii*-, como veremos, cuya denominación también se ha vinculado con sus primeros pobladores. En ese caso, el de *Capraria* se vincularía, entonces, con los *Caprarienses* que, de igual modo, provendría de sus primitivos habitantes. Sin cmbargo, pensamos que el nombre *Capraria* podría derivar del que lleva una isla, de parecida denominación -conocida hoy como *Capria*-, que forma parte del archipiélago Toscano, perteneciente a la provincia de Livorno, situada a 62 km de su capital, a 32 km al norte de la isla de Elba y a 30 km de Córcega.

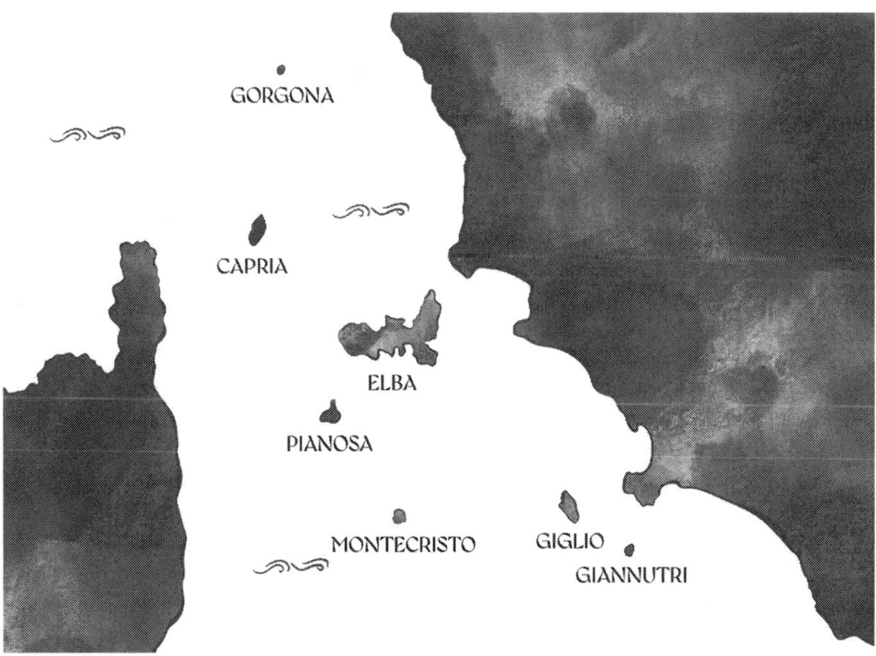

Archipiélago de la Toscana.

Por ello, en la actualidad, desechamos aquella otra asociación de su nombre con el de la tribu de los *Caprarienses*, ya que analizados los hechos en esta propuesta, no resultaría extraño que ya Estacio Seboso trasladara la denominación de *Capraria* a una de las *Afortunadas* descubierta en este Archipiélago. Lo haría, probablemente, en recuerdo del mismo nombre del que, con anterioridad, habría conocido, razón por la que le atribuiría tal denominación, como se ha repetido, asimismo, en otros muchos ejemplos, del mismo modo que sucedería con la actual isla *Pianosa* del citado Archipiélago, antiguamente llamada *Planasia*, el mismo nombre que se le atribuyó a una de las dos *Afortunadas*, que junto al de *Invallis*, figura, igualmente, en el texto de Plinio. Nos parece, sin duda, una opción posible, ya que estos hechos se hallan suficientemente comprobados en la Antigüedad, y de igual modo se ha repetido en otras muchas etapas de la historia, por lo que no nos parece necesario mostrar una retahíla de ejemplos que son bien conocidos por los lectores.

IV.9. *Ninguaria* (¿*Nivaria*?), la isla de las nieves perpetuas

La palabra *Ninguaria* tiene su origen en el verbo latino *ninguit* ("nieva"), que procede de la raíz indoeuropea **(s)neig^{u}h*. A juicio de Mariano Bassols, se trata de un presente formado con nasal infija que determina la persistencia del elemento velar y, de ahí, el verbo *ninguit* y el sustantivo pliniano *Ninguaria*. Sin embargo, en el sustantivo *niuem* (*nix, niuis*), vemos cómo no conserva la velar por no estar en contacto con una nasal[163]. Analizando el término, se puede observar que a la raíz se añade el sufijo latino *-arius, -a, -um*, portador de un cambio en la categoría gramatical y que, además, aporta cierta información semántica, "isla de la nieve, isla nevada". Según Baldinger[164], "en lengua romance, este sufijo designa más en especial una cantidad de algo determinado o el lugar donde se encuentra en gran cantidad", como se ve en el caso de nuestra palabra.

Precisando su significado de "pertenencia, origen o relación", el *DLE*, en su acepción 1ª, señala que el sufijo castellano -ario/-aria, procedente del latín *-arius*, "forma adjetivos que indican relación con la base derivativa". Por

163 M. BASSOLS DE CLIMENT, *Fonética latina*, Gredos, Madrid, 1983: 166, n. 15.

164 F. NAGORE LAÍN, "Los sufijos -ario, -dor, -eria, -ero, -ista y -orlo en los términos artísticos", *Revista de Estudios Altoaragoneses*, 1988.

ello, podríamos concluir con que, etimológicamente, el topónimo *Ninguaria* se referiría al "lugar donde se encuentra gran cantidad de nieve" o al "lugar relacionado con la nieve"[165].

Un rasgo muy llamativo de la narración de Plinio que merece ser igualmente destacado, es la observación sobre el emplazamiento de la isla *Ninguaria*, respecto de las otras tres, citadas con anterioridad. Creemos que la expresión del texto *in conspectu earum Ninguariam* ("...a la vista de éstas, Ninguaria") resulta de una extraordinaria precisión, pues desde el punto de vista geográfico ya se halla implícito, además, que podía verse desde cada una de las precedentes, como así sucede realmente. A la observación de *Ninguaria* que se tiene desde las islas occidentales, contribuye, sobre todo, la presencia de una montaña elevada que, aunque a ella no se aluda en el texto de forma explícita, sí lo hace, en cambio, de manera indirecta, por medio de la expresión *...a* ***perpetua nive, nebulosam***... ("por su nieve perpetua, recubierta de nubes") que la consideramos una alusión evidente al Pico del Teide.

Vista del Teide nevado.

[165] En el aparato crítico de la edición de MAYHOFF, se recoge la forma "Ninguaria" en el manuscrito R (Florence Rice. 488) y "Niuaria" en B (Bamberg Class. 42), Cayo Solino y Marciano Capella.

Conviene tener en cuenta que esta montaña de 3.715 m de altitud, se columbra a una distancia de, al menos, doscientas millas de navegación en condiciones óptimas de visibilidad, y que como ya nos informan los navegantes renacentistas, era "la primera señal que los mercantes ven cuando vienen a esta isla"[166], como hemos aludido en otro apartado. Se ha discutido mucho, además, si la expresión "nieve perpetua" responde a un hecho preciso, porque la expedición de los marineros mandada por Juba debió de hacer su derrota por las islas en unas fechas que irían desde abril a octubre, los meses más apropiados para la navegación en la Antigüedad, como hemos estudiado más arriba. Sin embargo, este hecho ha dado pie a cuestionar si lo señalado en el texto podría entenderse como una expresión retórica, ya que no parece factible que en ese momento del año el Teide aún conservara nieve. En todo caso, nos inclinamos a creer que la expresión puede entenderse como un hecho muy preciso, ya que entre septiembre y octubre podrían quedar algunos restos, sobre todo por la cara norte del Teide, donde sabemos que se mantiene durante bastante más tiempo que en la vertiente sur.

En el texto se hace uso, además, de una palabra que, a nuestro juicio, define aún con mayor precisión otro aspecto geográfico de esta isla *Ninguaria*. Nos referimos a *nebulosam*, pues si algún rasgo caracteriza precisamente al Teide es la frecuencia con la que se halla rodeado de nubes, por lo que sería presumible pensar que la expresión sobre una singularidad propia de su naturaleza resultara aquí determinante, lo que nos parece definitoria para confirmar, sin lugar a dudas, que se trata con toda seguridad de la isla de Tenerife.

IV.10. *Canaria*, ¿la isla de los perros?

Desde las primeras historias de Canarias, escritas a fines del siglo XVI, ya existen serios intentos por explicar los nombres antiguos de las islas y los gentilicios de sus primitivos habitantes, aunque de todos ellos consideramos muy relevantes los estudios posteriores, como el de Sabino Berthelot[167], pero

[166] G. BENZONI, *Historia del Mondo Nuovo*, Venezia, 1572, f. 179.

[167] S. BERTHELOT, *Antigüedades canarias: anotaciones sobre el origen de los pueblos que ocuparon las islas afortunadas desde los primeros tiempos hasta la época de su conquista*. García Cano, Helena (trad.); A. CONCEPCIÓN PÉREZ (ed.), Goya Ediciones, Santa Cruz de Tenerife, 1980.

sobre todo, el trabajo del berberólogo Georges Marcy[168], quien aporta una serie de datos del mayor interés sobre los nesónimos antiguos, así como los patronímicos de sus habitantes y su correspondencia probable con el de las etnias bereberes continentales.

De los primeros nombres de este archipiélago, al que desde siempre se le ha prestado mayor atención ha sido, sin duda, al de *Canaria* –que se ha asociado de forma unánime a Gran Canaria–, sobre la que Plinio el Viejo al referirse a ella, dice que se llama así "por la cantidad de **canes de enorme tamaño**, de los cuales se le trajeron dos a Juba"[169], y a los que el historiador tinerfeño del siglo XVIII, Viera y Clavijo, califica con la expresión "...**de extraña grandeza**..."[170], por lo que la presencia de estos animales ha sido siempre considerado el rasgo que mejor definiría su denominación, vinculándolo al nombre latino de perro (*canis*). Su origen haría fortuna durante quinientos años en la historiografía europea, como así ha sido reiteradamente divulgado desde el Redescubrimiento de las Islas, en el primer tercio del siglo XIV (1341). Sin embargo, existe acuerdo entre los lingüistas en que el nombre *Canaria* no se puede derivar del citado término latino, a pesar de que nuestros primeros historiadores se hicieron eco del argumento pliniano, entre ellos L. Torriani, a finales del siglo XVI. Daba por válido Torriani el argumento que había sido expresado en la *Historia Natural* (5.14), sobre el parentesco existente entre el nombre de los perros y el de la isla, en el mismo sentido que se refleja en otras crónicas de la conquista que se manifiestan a favor o en contra de las tesis de Plinio, lo que ha dado origen, como decimos, a la asociación tradicional de aquel nombre con el étimo latino, con el que se ha vulgarizado tal denominación, y con el que también se ha generalizado, hasta el punto de que estos animales forman parte del escudo de Canarias, donde aparecen dos perros rampantes sosteniendo los siete iconos triangulares que representan a la Comunidad Autónoma de Canarias.

En el libro 5. 15, de la obra pliniana, este autor alude, además, a la existencia de unos pueblos de la Mauretania Tingitana a quien denomina *Canarii* (canarios) -como lo hacen los perros-, ya que con ellos comparten "...las

---

[168] Texto publicado por J. ÁLVAREZ DELGADO en el *Anuario de Estudios Atlánticos* el año 1962, con el título: "Nota sobre algunos topónimos y nombres antiguos de tribus beréberes en las Islas Canarias".

[169] V. BEJARANO, 1987: *ob. cit.*: 135-136.

[170] VIERA Y CLAVIJO, ([1772]/2016): *Historia de Canarias. Viera y Clavijo, Obras completas*, Rafael Padrón, (dir). Edición, introducción y notas de Manuel de Paz Sánchez, 4 vol. Ed. Idea, Santa Cruz de Tenerife: 221.

vísceras de las fieras". La referencia a los perros en la citada isla *Canaria* y el hecho de que gentes de nombre parecido en África se alimentaran, según Plinio, del mismo modo que aquellos animales, contribuyó, sin duda, al origen de ese patronímico, hoy muy cuestionado.

De la gran divulgación que en el pasado alcanzó este nombre para explicar la procedencia de los antiguos canarios, hemos elegido un texto de la *Relación* de Guillermo Coma[171], cronista de la segunda expedición colombina a las Antillas, en la que se refiere a los antiguos habitantes de Gran Canaria, describiéndolos como: "unos *canarios* salvajes, sin ley, de cuerpo desnudo, que tienen corazón intrépido y fuerzas parejas a su audacia, por lo que todavía no han sentido el yugo de los españoles (...) En medio de las arenas de Libia otros canarios habitan desde el Atlas desfiladeros llenos de serpientes y de elefantes, a través de desiertos de polvo negro; se llaman *canarios* porque participan de la comida de los canes y se reparten con ellos las entrañas de las fieras". "Otros *canarios* habitan en Etiopía en la ciudad de Cinópolis, esto es, ciudad de los perros, en la que se solía adorar a Anubis y se servía a los perros una comida sagrada".

La referencia a los perros en esta isla y el hecho de que gentes, de nombre parecido en África, se alimentaran del mismo modo que estos animales, contribuyó, sin duda, a la génesis de una etimología popular que proponía para aquella palabra, como hemos visto, una evidente derivación del término latino *canis* que parecía explicarse por la supuesta presencia de esos grandes perros[172]. En este sentido, J. Desanges es partidario de que quizá estas gentes norteafricanas vivían en estrecha relación con los perros, pero que también puede ser una falsa etimología (con *canis*). En referencia a estos *canarii*, apunta J. J. Jiménez[173], siguiendo a G. Marcy, que "se advierte la tendencia de este autor latino a la etimología popular por juego de vocablos, muy corriente en aquella época...", comentarios cuyo origen parece radicar

---

171 Relación de Guillermo Coma, traducida por Nicolás Esquilache. En J. Gil y C. Varela. Ed. *Cartas de particulares a Colón y Relaciones coetáneas*, 1984: 185.

172 J. J. JIMÉNEZ en *Gran Canaria y los Canarios*, S/C de Tenerife, 1992: 15-22, se plantea si tal vez Plinio, o un copista posterior, en su copia y refundición de los manuscritos de Juba confundiese la voz *can-canis* con el gentilicio *Canarii* u otra variante, por lo que, ¿se podría suponer que en lugar de perros le llevasen al mauritano dos de sus habitantes? Posiblemente el étnico *Canarii* esté en un contexto líbico-beréber del que procedería posteriormente el nombre de la isla.

173 J. J. JIMÉNEZ, "Los canarios: una tribu beréber del Gran Atlas", *Revista del Oeste de África*, 3-7, 1985: 198-203.

en la costumbre de comer carne de perro, comprobada entre los *canarios* de Tafilelt, como también en los *canarios* de *Canaria.*

En los estudios realizados por J. Hernández Morán, plantea, sin embargo, que en ningún caso se trataría de perros lo descrito en el texto de Plinio, sino **focas marinas**, como así lo analiza en el párrafo siguiente: "En el largo proceso de transcripción de noticias con motivo de la expedición de Juba, del bereber al griego, luego al latín, etc., ¿no pudo haberse cometido un error al manejar los datos, y por contracción, apócope, o simple sustantivación del nombre original de la foca (conocida por los antiguos zoólogos como "can marino") se la confundiese con un can terrestre? "Canaria" podría ser, en verdad, la isla de lobos o canes marinos. Entonces, las cosas resultarían más lógicas y claras".

Hernández Morán detalla que hay dos ocasiones en las que se habla de las focas en la *Odisea*: en el Canto IV (Menelao y sus compañeros usan las pieles de foca para ocultarse en la arena y capturar a Proteo cuando saliese del mar acompañado de una manada de focas) y en el Canto XII (el monstruo Escila se alimenta de "perros marinos"). Y continúa: "De estar distorsionada la información recogida por Juba que luego llegó a Plinio, pudo quedar oculta la realidad cuando *mencionan a perros en lugar de focas -llamadas, como queda dicho,* ***perros o canes marinos*** *antiguamente, y luego* ***lobos marinos****, por la forma de su cabeza y los sonidos que emiten recordando la voz bronca de un perro enronquecido, que a veces aúlla, o da un chillido como de perro herido.* Son los mismos *vesci marini* que figuran en los portulanos o topónimos locales, los *vells marins*, de Baleares, *bou mari* o *llop mari* de Cataluña, *veau marin* de Francia, *bue marini* en Italia. Poco tienen que ver, en cambio, con la vaca marina, el manatí o lamentín. Y como otra digresión, anotemos la costumbre vernácula de imponerles a los pinnípedos marinos apelativos que recuerdan animales terrestres. Así tenemos, entre los otáridos, al león marino (animal muy familiar en los circos) y al oso marino; y entre los fócidos, al gigantesco elefante marino, y al lobo o perro marino"[174].

Del mismo modo, Jiménez González (2005) plantea la posibilidad de que la alusión a perros de gran tamaño, que figura en el texto de *Plinio-Juba* del s. I d.C., no se trataría de estos animales, sino de perros o lobos marinos, como así lo había planteado Hernández Morán, referencia que se podría complementar cuando de nuevo en el texto se alude a estos animales, diciendo que los había en gran abundancia en "la más cercana a ésta [*que*] se llama *Ca-*

[174] J. HERNÁNDEZ MORÁN, ([1999] 2000): 437-439.

naria **por la cantidad de canes de enorme tamaño**, de los cuales se le trajeron dos a Juba" (Plin. 6. 135-136).

Siguiendo igual opinión que la expresada por Hernández Morán[175], J. J. Jiménez González[176] es partidario de que los supuestos perros de tamaño considerable, a los que se alude en el texto de Plinio, no son, en realidad, estos animales, sino lobos marinos muy abundantes en esa época por estas aguas, y que, ciertamente, no serían otra cosa que especímenes de la foca monje (*Monachus monachus*). Hernández Morán y Jiménez González, se refieren, precisamente, a que su hábitat fue muy común durante siglos en las costas canarias hasta su total extinción. Información que podemos contrastar y complementar con lo que, del mismo modo, recoge la crónica *Le Canarien* cuando pone, igualmente de manifiesto, la existencia de estos animales en una cantidad muy elevada y aún, a principios del siglo XV, eran muy abundantes en las islas orientales, como así se deduce del topónimo del islote de Lobos, de 4,5 km^2, que se halla situado al norte de Fuerteventura, y cuyo nombre lo recibe, precisamente, del gran número de estos mamíferos marinos.

En este contexto nos ha parecido de interés la referencia de la que se hace eco la crónica del portugués Gomes Eannes de Zurara cuando alude a la importancia de las pieles y de la grasa de los lobos marinos que se obtenían en Canarias y en la costa africana, como lo confirma la *crónica* sobre su envío a Portugal, según fue recogido en los caps. X, XI, LXIII y XCIII, en la que se nos advierte que la captura se realizaba cuando "no podían cobrar otra pieza"(cap. XCII)[177], ya que su comercialización podía reportar unos beneficios que compensaban, en parte, el dispendio de la empresa, ya que "los había en abundancia [....] en un banco de arena próximo al río gran número de lobos marinos –que, según estimaron algunos, podrían llegar a cinco mil– hizo matar cuantos pudo y cargar sus pieles en el navío. Bien porque eran fáciles de abatir, o bien por la destreza de quienes lo hacían, llevaron a cabo una gran matanza de lobos" (cap. X).

---

175 J. HERNÁNDEZ MORÁN, "Los Canes del escudo de Canarias, ¿un equívoco histórico?", *Anuario del Instituto de Estudios Canarios*, XIV ([1999] 2000): 435.

176 J. J. JIMÉNEZ GONZÁLEZ, *Canarii. La génesis de los canarios desde el Mundo Antiguo*. Ed. Centro de la Cultura Popular Canaria, Santa Cruz de Tenerife, 2005.

177 E. AZNAR, D. CORBELLA, A. TEJERA (Gomes Eanes de Zurara), *La "Crónica de Guinea". Un modelo de etnografía comparada*, Editorial Casa África, 2012.

Foca monje (*Monachus monachus*).

La relativa importancia que le concedían a la captura de estos animales para aprovechar sus productos se vuelve a poner nuevamente de manifiesto en el capítulo XI, donde se dice que habían enviado a aquellas regiones dos navíos, de los cuales uno había sido remitido a Río de Oro, con la finalidad de buscar "pieles y grasa de lobos marinos y, una vez conseguida su carga, regresó al reino". Del mismo modo se refiere al interés de las pieles y del aceite de los lobos marinos en el capítulo XII, cuando señala que "en este año de 1441 [...] el Infante hizo armar un navío pequeño [para] cargar corambre y aceite de los lobos marinos". Conviene destacar que en la crónica francesa *Le Canarien* se destaca, igualmente, la relevancia de estos animales y las posibilidades de aprovechamiento de su carne y de su piel, debido al gran número existente en las islas orientales de Lanzarote y Fuerteventura.

Además del posible origen aludido para explicar la etimología del nombre *Canaria*, se ha generalizado, asimismo, la opinión de que se podría asociar, no con el nombre latino de perro, sino con una tribu que en el pasado vivía en la cordillera del Atlas marroquí, los *Canarii* –los *canarios*, arriba aludidos-, por lo que se ha propuesto, asimismo, como figura desde las primeras crónicas de Canarias, que tal denominación podría derivar de esa tribu libia que habitaba en el Atlas marroquí, según la descripción del pretor Suetonio Paulino, cuando hizo una expedición por esa zona en el 42 d.C., persiguiendo a las tribus insurrectas que se habían replegado hacia los límites más meridionales de la Mauretania Tingitana, quien al cruzar el Atlas, se encontró con ellos en las proximidades del río Ger, hoy el Guir, como lo describe Plinio en su *Naturalis Historia* (*Nat.* 5. 14), y a los que, a fines del siglo XVI, se refiere también Abreu Galindo[178], cuando dice que "En las faldas del monte Atlas, en África, hay unos pueblos que llaman los naturales de aquella región *canarios*; **y podría ser que el primero que descubrió esta isla fuese de aquellos pueblos, y a contemplación de su tierra la llamase Canaria**".

Alejandro Cioranescu, en la edición de 1982 de la obra de J. Viera y Clavijo, *Noticias de la Historia General de las Islas Canarias*, abunda en la propuesta de nuestro cronista-historiador, manifestando en la nota de la p. 119 de la 8ª edición del año citado, sobre la tribu de aquellos *canarios* del Atlas, que, en efecto, fueron conocidos como consecuencia de "...la expedición del pretor Suetonio Paulino contra los *gétulos*, en el año 41-42 de la era cristiana" (Plin. *Nat.* 5. 15), dando cuenta de que "....dichos *canarios* vivían al lado de los

[178] J. ABREU GALINDO, ([1590-1632]/1977), *Historia de la Conquista de las siete islas de Canaria*, Goya Ediciones, Tenerife: 147.

perorsos (...) que ocupaban el territorio al sur de los *gétulos* y del río Salsum, hoy Ouad-el Melh (Río Salado), o sea enfrente de las Islas Canarias". Este hecho ya había sido señalado por Vivien de Saint-Martin en su obra *Le Nord de l´Afrique dans l´antiquité* (1863: 106-109). También en el XIX se ocupó del tema el General Faidherbe (1874) y ya en el siglo XX, además de G. Marcy (1962) y A. Cioranescu (1982: 119), podemos citar el trabajo de M. Martínez, *Nuevos estudios de Historia Canaria. Las Islas Canarias de la Antigüedad al Renacimiento. Nuevos aspectos* (1996), pero sobre todo los dedicados al tema por J. J. Jiménez González, quien se ha ocupado extensamente de ello en una serie de trabajos como "Los canarios: una tribu beréber del Gran Atlas"(1986)[179], *Los canarios: etnohistoria y arqueología* (1990)[180], y en una monografía publicada en el año 2005 titulada *Canarii. La génesis de los canarios desde el Mundo Antiguo*, trabajos en los que ha expuesto con manifiesta claridad la relación del nombre *Canaria* y el gentilicio *canario* con la citada tribu del Atlas marroquí[181]. Este hecho ha dado pie a pensar que cuando los romanos poblaron este Archipiélago con etnias libio-bereberes deportadas desde el continente africano, la isla podría haber recibido dicha denominación por el etnónimo de quienes la ocuparon.

Han sido muchas, como hemos visto, las opiniones que se han expresado con el fin de explicar el nombre *Canaria* del texto de Plinio. No obstante, nos ha parecido relevante poner de manifiesto, nuevamente, una antigua opinión de Viera y Clavijo sobre la etimología del nombre *Canaria*, en la que había defendido lo siguiente: "... **hasta ahora ninguno, que yo sepa, se [*ha*] acordado del cabo que Ptolomeo y otros geógrafos de la Antigüedad llamaron *la última Caunaria* o *Chaunaria extrema*"**[182], como así aparecerá más tarde en la Guía geográfica –el conocido mapa de Ptolomeo–, debido a que la isla *Canaria* se encontraba frente a este prominente accidente geográfico de la costa africana, como a ello se refiere Abreu Galindo[183], cuando dice, de forma indirecta, que "... **el primero que descubrió esta isla fuese de aquellos pueblos**", y "**...a contemplación de su tierra la llamase Canaria**", como recuerdo del lugar de procedencia.

---

179 J. J. JIMÉNEZ GONZÁLEZ, "Los canarios: una tribu beréber del Gran Atlas", *art. cit.*

180 J. J. JIMÉNEZ GONZÁLEZ, *Los Canarios: etnohistoria y arqueología*, Museo Arqueológico, Santa Cruz de Tenerife, 1990.

181 A. TEJERA GASPAR, E. CHÁVEZ ÁLVAREZ, M. MONTESDEOCA, 2006: 91.

182 VIERA Y CLAVIJO, ([1772]/2016): 221.

183 J. ABREU GALINDO, *ob. cit.* ([1632]/1977): 147.

"Este cabo, según todas las apariencias, es el que en el día se nombra de Bojador[184], pues aunque algunos modernos le han reputado por el de Non, fue por no tener presente que el verdadero cabo de Non antiguo es el actual de Bojador, del cual se creía supersticiosamente que cualquiera que tuviese la temeridad de doblarle no volvía jamás"[185]. El cabo ***Gannaria (Cannaria)***, es mencionado por Ptolomeo en la costa africana, en los 29° 11´ lat. N, a la altura de las islas, aunque se cree que en realidad es el cabo Juby, cuyo nombre se ha relacionado con la citada población de los *Canarii*, que los investigadores modernos han reconocido con los *Kamnurieh* de los historiadores árabes, denominación que muy probablemente podría ser una posible derivación de aquel nombre latino porque en esa fecha dicha etnia podría haber ocupado ese extenso territorio.

Mapa de Ptolomeo, con detalle de *GANARIA PROMONT[ORIUM].*

[184] Se trata, en realidad, del Cabo Juby (en Tarfaya). El cabo Bojador se halla más al sur de las Islas Canarias.

[185] J. VIERA Y CLAVIJO, ([1772-1778]/2016), *ob. cit.*: 221.

Por la información que amablemente nos ha aportado la profesora Maravillas Aguiar Aguilar, Catedrática de Estudios Árabes e Islámicos de la Universidad de La Laguna, cabría pensar sobre este nombre lo siguiente: "la dificultad para documentar el topónimo *Kamnurieh*, tiene que ver con el hecho de transliterar palabras árabes sin hacerlo de una forma normativizada. La palabra *Kamnurieh*, citada por Alejandro Cioranescu no existe, excepto en la historiografía. En ninguna fuente árabe se puede documentar este término, escrito de ese modo. Entiendo, por el contrario, que esa denominación debe corresponder al término ***Qamnūriyya***, referido a un territorio, situado al norte de los Maqzara, al oeste del mar de las Tinieblas (**baḥr al-ẓulamāt**), es decir el Océano Atlántico, que en el Medievo aparecía como el mar tenebroso, entre otros calificativos, ocupando un espacio que se extendía por el sur de Mauritania y el norte de Senegal. La etnia de esta zona era de piel negra, **a la que se le atribuye, en efecto, un origen bereber** –es casi seguro que de los antiguos *canarii*-, **como fue recogido por el geógrafo Al-Idrisi** (1154) en el siglo XII".

Se trata, como se ve, de una cuestión del máximo interés que ha de ser objeto, necesariamente, de un estudio más detenido, pero aunque solo sea de una manera provisional, cabría pensar, como se deduce de lo dicho, que el nombre del citado promontorio estuviera asociado, en efecto, a la etnia de los *Canarii*, lo que podría explicar la procedencia primera del referido accidente geográfico, cuyo nombre, como hemos señalado, puede ayudar a entender el cierto origen del de *Canaria.*

Así, a la vista de lo dicho por Viera y Clavijo, también nosotros nos inclinamos a pensar que el citado promontorio geográfico tan sobresaliente, y bien destacado de la costa por su relevancia topográfica, según quedó señalado en la geografía ptolemaica, nos podría hacer pensar que a los navegantes descubridores de las *Afortunadas* (Canarias) también les serviría de guía y referencia para atribuirle ese apelativo a la Isla que se encontraba en el mismo paralelo de la costa africana y que sería, además, de gran ayuda para orientarse en su derrota por las aguas en las que ahora navegaban. Por ello, y según ese criterio, es posible, de la misma manera a como ya lo había hecho Viera y Clavijo, que de esta realidad pudiera haberse originado esa otra posible etimología del nombre de la isla.

Para tratar de entender lo dicho sobre el nombre *Canaria* y la relación con un accidente geográfico singular del continente africano, frente a aquella isla, nos ha parecido oportuno traer a colación la referencia contenida en la obra del veneciano Alvise Cadamosto, cuando explica *Por qué se denomina*

Cabo Verde, de las tres islitas descubiertas y de la costa de este cabo, ya que "**a la altura de Cabo Verde**, una tormenta les obligó a navegar hacia el oeste hasta tropezarse con **el archipiélago de igual nombre**, cuatro de cuyas islas visitaron, encontrándolas deshabitadas"[186].

"Cabo Verde se llama así porque los primeros que lo descubrieron, que fueron portugueses, casi un año antes de que yo llegase a aquella costa, lo encontraron cubierto de árboles grandes que mantienen su verdor todo el año. Por este motivo recibió el nombre de *Cabo Verde*, así como *Cabo Blanco*, del que ya hemos hablado antes[187], porque es arenoso y blanco"[188].

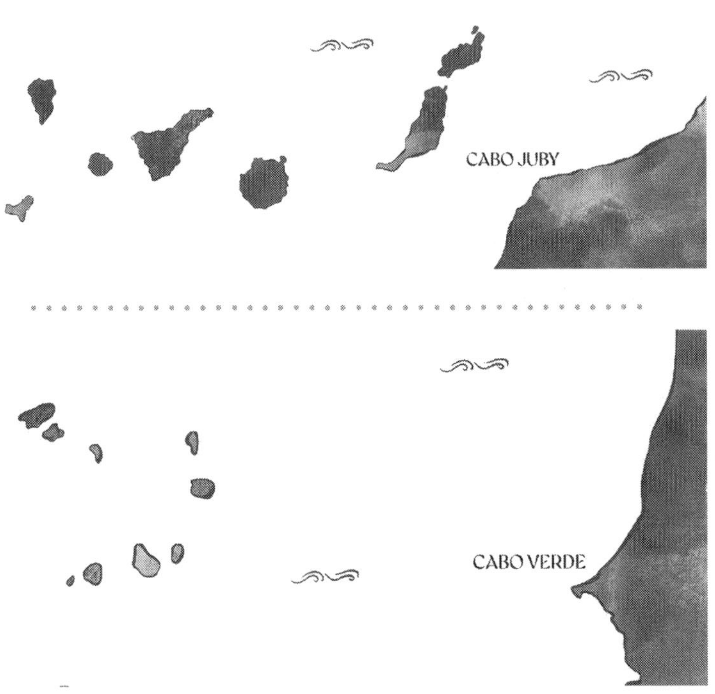

Cabo Juby, frente a Canarias. Abajo, archipiélago de Cabo Verde, frente a Cabo Verde (Senegal).

---

[186] E. AZNAR, D. CORBELLA, A. TEJERA, 2017: 21.

[187] En realidad, Cabo Verde fue descubierto por Dinis Dias en 1444, y traspasado por Álvaro Fernandes en 1445.

[188] E. AZNAR, D. CORBELLA, A. TEJERA, 2017, *ob. cit.*: 134.

Este fenómeno aparece de manera repetida a lo largo de la historia cuando los navegantes y exploradores le atribuían un nombre a un lugar conocido, teniendo como referencia el correspondiente de una prominencia topográfica cercana, como así sucedió con el que los portugueses le pusieron al citado Archipiélago, que se encontraba situado a la altura del **El Cabo Verde**, en la costa de Senegal. Y, por extensión, a las islas las denominaron de este modo.

Es una opción posible, qué duda cabe, al tratarse de unos hechos, suficientemente comprobados en la Antigüedad, como sucedería, asimismo, con el de la isla *Capraria*, según hemos visto, o con *Pianosa*, esta última llamada antiguamente *Planasia*, en la que se repite el mismo nombre que una de las dos *Afortunadas* que figuran en el texto de Plinio.

Y si nuestra lectura fuera correcta, las siete islas Canarias aparecen referenciadas en el texto, así como la ubicación de cada una de ellas, siempre que se deseche, por obvio, la citada *Ombrios*, y siguiendo el orden en el que se hallan descritas: *Invallis* (¿Lanzarote?), *Planasia* (¿Fuerteventura?), *Iunonia Maior* (¿La Palma?), [*Iunonia Minor* (¿La Gomera?)], *Capraria* (¿El Hierro?), *Ninguaria* (¿Tenerife?), *Canaria* (¿Gran Canaria?). Por ello hemos tratado de poner de manifiesto con relación al texto pliniano, su interés como documento histórico, bien alejado de lo que se ha denominado tradicionalmente literatura paradoxográfica, término usado para aludir a la existencia de islas míticas, legendarias o ficticias.

IV.11. Vestigios de edificaciones en *Canaria*

Del texto de *Plinio-Juba* se ha discutido mucho, sobre todo, la alusión a la existencia en ella de *vestigios de edificaciones*, lo que ha dado pie a pensar si las islas ya estaban habitadas cuando llegaron estos primeros exploradores, ya que, con anterioridad, no existe ningún dato a la presencia en ellas de habitantes, por lo que nos parece de gran interés hacer una breve consideración sobre la reiterada discusión acerca de este tema. Se trata de las construcciones que se habían encontrado en una de las islas, y aunque no tengamos de ella una ubicación precisa, pensamos que debe estar refiriéndose a *Canaria* (Gran Canaria).

La presencia de esas construcciones ha llevado a considerar, entre otros supuestos, que podrían asociarse, siquiera fuera de manera esporádica, con una ocupación en época fenicio-púnica, según ha sido defendido por algunos investigadores, como se recoge en el libro de A. Santana, T. Arcos, P. Atoche y J. Martín[189]. Y aunque no descartemos ninguna de estas opiniones, a pesar de que no contemos, por ahora, con testimonios arqueológicos ciertos y fiables de la presencia de gente de esta procedencia en las islas, pensamos, sin embargo, que se podrían proponer otras explicaciones, aunque tampoco contemos con datos precisos para aseverarlo, por lo que, por nuestra parte, habría de estimarse solo como una conjetura.

Conviene tener en cuenta que antes de que las islas aparecieran descritas en la *Historia Natural* de Plinio el Viejo, sabemos que se habían realizado, como hemos visto más arriba, una serie de expediciones, entre ellas la del griego Eudoxo de Cízico y el romano Estacio Seboso, y quizá la de otros expedicionarios de los que nada conocemos, como puede comprobarse en la lectura de los primeros párrafos del texto, donde insistimos en que, de manera bastante vaga, se halla la expresión: *Hay quienes piensan que...* En este contexto, pues, no sería extraña la existencia de esos edificios a los que se refiere la línea citada, sino todo lo contrario, ya que muy bien podrían haber sido testimonios de esos marinos que, a lo largo del siglo I a.C., visitarían las islas, como hemos tratado de defender en el presente trabajo.

Y en el supuesto de que hubiera sucedido algo similar a lo expresado, quizá nos ayudaría a entender si algunas de esas construcciones pudieran vincularse con tales viajeros, como así ha sucedido a lo largo de la historia, y se conoce bien en otros lugares cuando las islas vacías de población fueron ocupadas de manera esporádica hasta tanto llegaron más tarde a explorarse más detenidamente. Esto no deja de ser otra cosa que una hipótesis especulativa, naturalmente, pero la planteamos haciendo uso de ejemplos parecidos, de los que son bien conocidos en otras etapas históricas, del mismo modo que hemos supuesto, también, la posibilidad de que cuando los romanos descubrieron las islas hubieran ido soltando parejas de animales para tener alimento seguro en una posible visita posterior. La costumbre de dejar animales para su reproducción es un hecho bien conocido y, asimismo, muy común, como lo hicieron los castellanos y los portugueses, quienes a medida que iban descubriendo islas ubicadas en mares poco frecuentados, acostumbraban a dejar sueltas parejas de cerdos, debido a su facilidad para reproducirse y adaptarse a medios diversos, pero también cabras y ovejas, de forma que cuando más

---

189 *El conocimiento geográfico de la costa noroccidental de África en Plinio: la posición de las Canarias,* 2002: 310.

tarde se poblaran, aunque esos animales se hallaran en estado semisalvaje, se podría contar con alimento seguro desde el momento mismo de la arribada de un grupo de personas, suponiendo que en los primeros años el contingente poblador no estuviera compuesto por un número muy elevado de gente.

Conviene no olvidar, asimismo, que en Canarias, como también sucedió con las otras islas atlánticas, Azores, Madeira y Cabo Verde que se hallaban, igualmente, vacías de gente cuando los europeos las descubrieron durante el siglo XV, tampoco existía ninguno de los cuadrúpedos a los que nos estamos refiriendo, cabras, ovejas y cerdos, y que, de igual modo fueron soltándolos -algunos llevados de Canarias- antes de la colonización humana posterior. La del archipiélago canario tuvo lugar en época romana, como lo venimos defendiendo, quizá en torno al cambio de la Era, mientras que la de las otras islas atlánticas se produjo en 1418-1419, fecha de referencia asociada al descubrimiento de la isla de Puerto Santo por los portugueses, en 1418, y al año siguiente, 1419, el de la cercana de La Madera, y, más tarde, hacia 1450, fue conocido el archipiélago de Cabo Verde y el de Las Azores, ya en 1462.

CAPÍTULO V

DESCRIPCIÓN Y SINGULARIDADES DE LAS AFORTUNADAS

A continuación analizaremos una serie de cuestiones, algunas de las cuales habíamos estudiado en un trabajo nuestro anterior, publicado en 2014[190], en el que tratábamos de hacer una comparación entre lo descrito en el texto de Plinio, objeto de nuestro estudio sobre estas islas, para compararlo con lo narrado por los cronistas del Medievo en los siglos XIV y, sobre todo en el XV, quienes pusieron de relieve una serie de rasgos, de los que algunos se consideraron muy singulares por tratarse de aspectos nuevos y, en cierto modo, también desconocidos, de la misma manera que había sucedido en la obra de Plinio el Viejo.

De los escritos medievales, el más relevante es, sin duda, la narración de la Expedición de Nicoloso da Recco, que fue enviada a Canarias en 1341 por el rey Alfonso IV de Portugal. Aunque la relación es conocida por el nombre de uno de sus capitanes, el relato se ha conservado gracias a Giovanni Boccaccio (1313-1375), quien reseñó este testimonio en una colección de textos titulada *De canaria et insulis reliquis ultra Ispaniam in occeano vite rrepertis,* obra compuesta hacia 1342. Desde entonces las islas ya figuran como nuevamente "encontradas".

Y de manera muy destacada es de especial importancia, asimismo, la Crónica francesa *Le Canarien* de 1402, en la que se da cuenta de una rica información, sobre todo de las islas orientales, Lanzarote y Fuerteventura, que serían conquistadas por los franconormandos. En estos y otros textos medievales existe, como hemos dicho, un especial interés en poner de relieve una geografía y una naturaleza que les era desconocida a los europeos, como les había sucedido, también, a los expedicionarios que alcanzaron estas islas en época romana. La coincidencia en la descripción de tales rasgos con unos pocos que figuran en el texto de *Plinio-Juba,* la consideramos una propuesta

[190] A. GARCÍA GARCÍA, A. TEJERA GASPAR, "La primera imagen de las Islas Canarias en la *Naturalis Historia* de Plinio el Viejo", *Fortunatae,* 25, 2014: 157-167.

metodológica que nos permite establecer en el futuro comparaciones más detalladas y de mayor entidad, lo que podía contribuir, sin duda, a entender este texto con otra perspectiva, como así lo ha estudiado, recientemente, el botánico Arnoldo Santos Guerra[191].

Uno de los rasgos característicos y, sin duda del máximo interés, que figura en el texto es todo lo relativo a la flora y fauna que conocieron los emisarios enviados por Juba II sobre las que más tarde debían informar al mauritano, especialmente de aquellas cosas que les resultaran extrañas y poco conocidas que pudieran ser objeto de explotación para los intereses económicos que se derivaran de ellas. Por eso no resulta extraño que los informantes enfatizaran todo lo que no les era familiar y establecieran las diferencias con lo que no existía en otros lugares.

Los aspectos más destacados creemos que proceden de la descripción realizada sobre la isla *Canaria*, lo que parece confirmar que debieron de haber desembarcado en ella, si nos atenemos al modo en el que describen los árboles, sus frutos y algunos animales, poniendo el énfasis en que, "aunque todas las islas tienen profusión de frutos y aves de todo tipo, esta, además, abunda en palmerales que producen piñas y pinos fecundos en piñones"[192]. Pensamos que esta palmera no es otra que la *phoenix canariensis* tan abundante en las Islas, para lo que basta señalar, como ejemplo, el asombro con el que R. Verneau[193] observó, asimismo, un número abundante en Guía y Gáldar, que coincide con el mismo sentido en el que se ha expresado Arnoldo Santos[194], para quien "...las palmeras mencionadas por Plinio [*se pueden referir*] a ejemplares de datileras (*Phoenix dactylifera*), sin embargo, creemos que hay que referirlas a palmeras canarias (*c*) que hasta fines del siglo XIX no fue reconocida como especie diferente y que Webb & Berthelot habían dedicado con anterioridad, precisamente, a Juba II, considerándolas como variedad de la datilera (*Phoenix dactylifera* var. *jubae*)".

La especie propiamente canaria es la *phoenix canariensis*, la palmera canaria nativa de todas las islas, pero que es, en realidad, un ejemplar ornamental cuyos frutos son escasamente comestibles. No obstante, las gentes de las islas han aprendido a hacer uso de casi todas sus partes, como se ilustra

[191] A. SANTOS GUERRA, "Plinio y las férulas de Juba II", *Meridiano Cero*, Nº 3, 2024: 63-73.

[192] *Cum omnes autem copia pommorum et avium omnis generis abundent, hanc et palmetis caryotas ferentibus ac nuce pinea abundare.*

[193] R. VERNEAU, ([1891]/1996): 179.

[194] A. SANTOS GUERRA, 2024, *art. cit.*: 71-72.

muy bien en la isla de La Gomera, donde se extrae miel de palma de la punta del tronco.

En esa misma línea del texto se llama la atención acerca de la profusión de aves de todo tipo que allí encontraron[195], hecho que se atestigua aún hoy, ya que la avifauna canaria parece ser producto de continuas migraciones procedentes del Viejo Mundo, especialmente del Norte, Centro y Suroeste de Europa. Siguiendo un *Cuadro de distribución de especies nativas de aves en las distintas islas del Archipiélago* que fue elaborado por Juan José Bacallado Aránega, Gloria Ortega Muñoz, Guillermo Delgado Castro y Leopoldo Moro Abad[196], se puede comprobar cómo Gran Canaria ocupa el segundo puesto, después de Tenerife, en cuanto al número de aves: 48 especies nativas, frente a las 55 de Tenerife.

Otro de los aspectos a destacar acerca de la feracidad de esta isla *Canaria* ya fue observada, también por Viera y Clavijo, cuando dice que el naturalista latino Plinio al hacer "mención de las islas Afortunadas, celebra la abundancia de miel que en ellas había con estas palabras: ***esse copiam et mellis***. Mas al tiempo que los europeos las ocuparon, parece que en Gran Canaria no hallaron sino algunas abejeras salvajes, de donde las llevaron a Tenerife, Palma, Hierro y Gomera. También a Fuerteventura y Lanzarote; pero la violencia de las brisas casi perennes en ellas no les ha permitido procrear. La miel de Canaria es excelente; como lo es la de Tenerife, con especialidad la de las colmenas de sus cumbres, donde las abejas liban las fragantes flores de los cítisos o retamas blancas...".

Para terminar de conformar esta imagen fértil y próspera, el texto nos da noticia de la existencia de ...***papyrum et siluros in amnibus gigni***... ("que incluso se dan el papiro y los siluros en los ríos..."). No obstante, una cuestión no corroborada es la existencia de siluros en los barrancos canarios y, aun siendo caudalosos, parecería un tanto aventurado determinar que pudiera haber peces de estas características y más concretamente el también denominado teleósteo fluvial o pez vertebrado. La referencia en el texto de Plinio de siluros en las islas ha generado una gran confusión porque este pez de agua dulce no se conoce en ninguna de ellas, por lo que la aparente confusión de quienes dan cuenta de un animal que no conocen se resuelve, siempre, acudiendo a algo que les resulta familiar. Este hecho fue muy bien

---

[195] ...*copia avium omnis generis*...

[196] J. J., BACALLADO, G. ORTEGA MUÑOZ, G. DELGADO CASTRO y L. MORO ABAD, en *La enciclopedia temática e ilustrada de Canarias,* Centro de la Cultura Popular Canaria, 1984:100.

comprobado cuando Colón se encontró ante un mundo que no había visto nunca, de manera que al describirlo echa mano de lo que ha conocido en el Mediterráneo, pero sobre todo con lo que también le era familiar en sus viajes al continente africano. Por ello, no debe resultarnos extraño que los expedicionarios de Juba vieran "siluros" donde solo eran "anguilas" que, por cierto, son muy "abundantes tanto en la zona de Maspalomas y sus antiguas charcas como en otros arroyos de las islas donde arriban o arribaban hasta fechas recientes durante sus migraciones (barranco Azuaje en Gran Canaria, San Andrés y barranco de las Angustias en La Palma, San Sebastián de La Gomera y otras desembocaduras de barrancos de la isla, o diversos barrancos de Teno y Anaga en Tenerife)[197]".

Estos cauces de agua han sido el hábitat natural de las anguilas a lo largo del tiempo, y su presencia en Canarias está bien documentada desde el siglo XVI, al haberse aprovechado como alimento por los habitantes de la isla de Tenerife, lo que hace suponer fuera, igualmente, conocida y consumida por los *guanches*[198]. En un Acuerdo de Cabildo del 24 de septiembre de 1526 (en el folio 143 vuelto), se da "(...) razón [*de*] que muchas personas en las madres de corrientes de las **aguas** y estantes (sic) en charcos, donde beuen las gentes e ganados, **para pescar anguillas** u otro pescado e por lo que bien les está, **enbarvascan las aguas corrientes** (...), por tanto mandaron que ninguna persona sea osada de enbarvascar[199] las madres de las aguas e manantes e corrientes ni en charcos...".

La anguila, *Anguilla anguilla* (*Linneo*), es un pez de cuerpo alargado de 30 a 80 cm; de tacto liso y resbaladizo. Todas las anguilas, pertenecientes a este grupo, nacen en el mar de los Sargazos (en el océano Atlántico septentrional), y sus larvas y ejemplares más jóvenes nadan hasta las costas de Europa y África buscando las desembocaduras de los barrancos y los estuarios de los ríos, hasta que regresan a este punto para poner los huevos, y de nuevo iniciar el ciclo.

---

[197] A. SANTOS GUERRA, 2004, *art. cit.*: 70-71.

[198] Se trata de una especie autóctona que se incluye en el Catálogo Canario de Especies Protegidas como vulnerable. Para más información, M. J. LORENZO PERERA, A. MANUEL JIMÉNEZ MEDINA, J. MANUEL ZAMORA MALDONADO, *La anguila: estudio etnográfico, pesca y aprovechamiento en las Islas Canarias*, La Laguna, 1999, y B. MAS ÁLVAREZ, *Aportación al estudio de la nutrición de la anguila europea: Anguilla anguilla*, Madrid, 1989.

[199] L. DE LA ROSA y M. MARRERO, *Acuerdos del Cabildo de Tenerife, vol. V* 1525-*1533*, Fontes Rerum Canariarum, T. XXVI, Instituto de Estudios Canarios, San Cristóbal de La Laguna, 1986. Embarbascar es una práctica consistente en envenenar el agua con verbasco u otra sustancia análoga como método de pesca para aturdir a los peces.

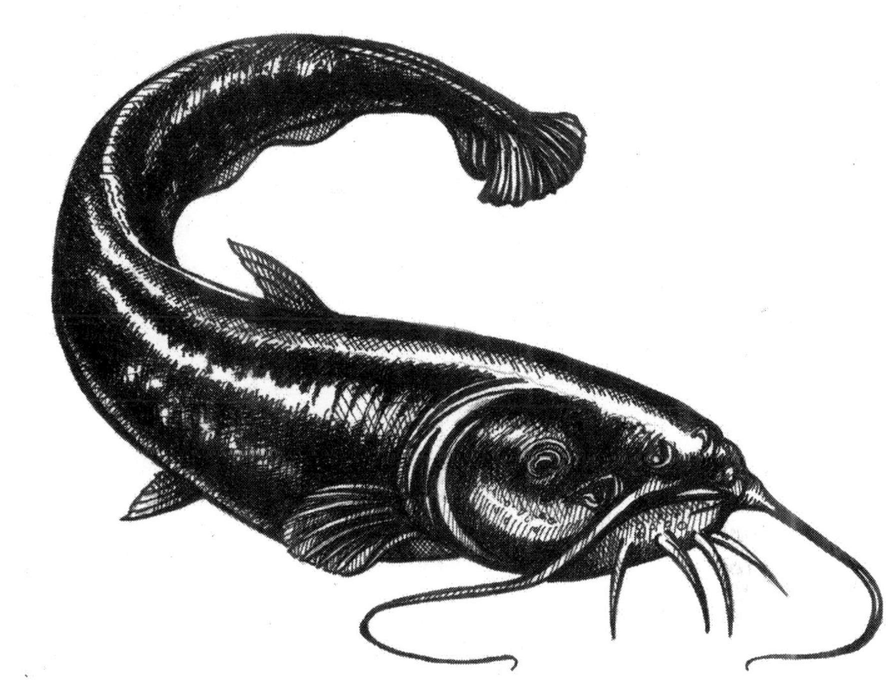

Siluro (*Silurus glanis*) vs. anguila (*Anguilla anguilla–Linneo*).

Otra referencia de interés a destacar en el texto es la existencia de papiros (*papyrum*), de la que recogemos, asimismo, la información aportada por Arnoldo Santos, quien al respecto dice que: "el papiro (*Cyperus papyrus*) es una planta de porte alto (puede superar los dos metros) no presente en el archipiélago, [pero] existen, en las zonas húmedas de nuestras islas, otras especies de la misma familia (Cyperáceas) o de las Juncáceas que también tienen un porte elevado (*Cyperus* spp., *Juncus acutus, Scirpioides holoschoenus globifera*...).

Otra posible especie que se podría mencionar serían los carrizos (*Phragmites australis,* familia Poáceas), un tipo de caña fina que aún se encuentra de forma nativa en dichos parajes"[200].

Es posible que la alusión a los papiros no fuera otra cosa que una confusión con una planta a la que le encontraron parecido con algo similar a lo conocido, aunque no sabían el nombre apropiado para denominarla porque no la habían visto en otro lugar. En este sentido, hemos tratado de establecer una comparación con la naturaleza descrita por Cristóbal Colón que no responde a lo que era realmente, ya que los hechos relatados los describe a partir de algo familiar, aunque le eran totalmente desconocidos. En este sentido, si se nos permite la comparación, quizá no sería extraño entender que lo relatado por los expedicionarios de Juba responda a una manera de explicar una realidad nueva, de manera que se vieron obligados a describirla desde el mundo que conocían, utilizando, además, las palabras precisas para denominarlas, aunque no se corresponda de manera exacta con lo que veían por primera vez. Lo mismo debió suceder con la referencia a las férulas, las tabaibas, cuando el propio Viera considera que "...las férulas amargas y dulces se pueden referir a los cardones y tabaibas de nuestras costas (*Euphorbia canariensis* y *E. balsamifera* respectivamente)" que, como es bien sabido, se encuentran en todas las islas[201], como en este mismo sentido lo expresaría Álvarez Delgado[202].

---

200 A. SANTOS GUERRA, 2024, *art. cit.:* 68-69.

201 A. SANTOS GUERRA, 2024, *art. cit.:* 67-68.

202 J. ÁLVAREZ DELGADO, 2015, *op. cit.*: 402.

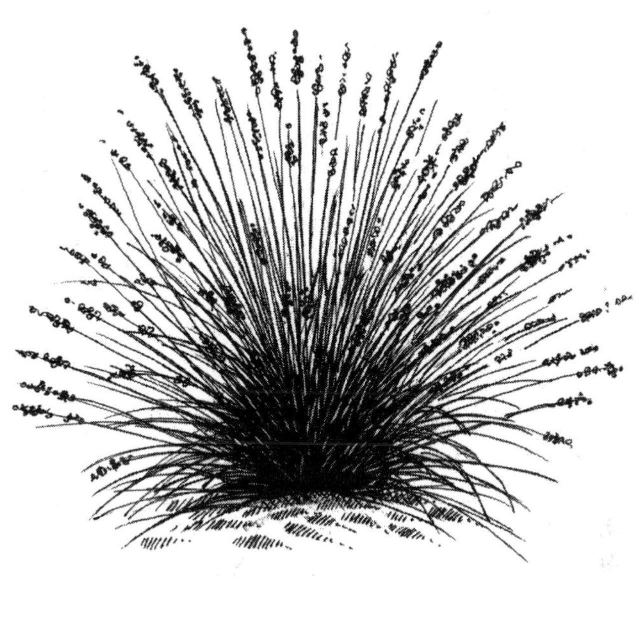

Junco (*Juncus acutus*) vs. Papiro (*Cyperus papyrus*).

Como colofón a lo expresado en el texto de Plinio, resulta de interés la manera en la que se explica cómo estas islas se hallan infestadas de **monstruos en estado de putrefacción** que el mar arroja cada día a tierra, como lo recoge la expresión latina: *infestari eas beluis quae expellantur adsidue putrescentibus...* que aparece en la última línea. No resulta descabellado pensar que los marineros pudieron haber observado un número abundante de lobos marinos -la foca monje- a los que ya nos hemos referido, y que muchos de ellos estarían en estado de putrefacción en las costas de las islas, como así sucede en los litorales marinos donde abundan estos especímenes. En este sentido conviene tener en cuenta otras referencias complementarias a este respecto, como el testimonio aportado en el texto arriba citado de Giovanni Bocaccio[203], cuando habla de "cadáveres de focas" *(phocarum exuvias)* en estas islas, como también en la Crónica francesa *Le Canarien,* confirmando que "la Isla de Lobos recibía su nombre de los lobos marinos, alguna variedad de focas que en ella anidaban en gran número", lo cual venía confirmado por los mapas italianos del siglo XIV, a los que ya hemos aludido más arriba[204].

En las aguas de Canarias se han registrado, asimismo, a lo largo de su historia, la presencia de mamíferos marinos como el delfín común, el cachalote, la orca, el calderón, que con cierta frecuencia las visitan y se han hallado en estas latitudes, quizá en parte gracias a la Corriente Fría de Canarias, entre otros muchos factores, que les proporciona un hábitat idóneo para su existencia, como es el caso bien conocido y contrastado de la foca monje que pasaba por las islas para reproducirse en la pequeña Isla de Lobos, aunque actualmente esta especie se considera extinguida en el Archipiélago. No obstante, de aquellos debemos destacar, sobre todo, el *Physeter truncatus,* o cachalote, al que a veces se ve en mar abierto entre las islas y, en ocasiones, algunos individuos son arrastrados a la orilla por las corrientes cambiantes donde muchos varan y acaban por morir. Estos hechos, a juicio de *Plinio-Juba,* serían definidores de nuestras islas, por lo que una breve mirada a ellos nos confirma la realidad y veracidad del texto.

---

203 G. BOCACCIO [c. 1341]: "De Canaria et Insulis Reliquis Ultra Ispaniam in Occeano Noviter Repertis / Canaria y las otras islas recientemente descubiertas más allá de España en el Océano". Traducción de Miguel Martinón. "*Syntaxis*", 30-31, 1992-1993: 134.

204 *Fontes Rerum Canarium VIII: Le Canarien.* Crónicas francesas de la Conquista de Canarias publicadas a base de los manuscritos con traducción y notas históricas y críticas por E. SERRA y A. CIORANESCU, La Laguna, 1959, Cap. XI, nota 1.

Cardón (*Euphorbia canariensis*).

Muchos son los puntos que han merecido ser resaltados y muchos también los que describían rasgos geográficos destacados de las Islas Canarias en la Antigüedad, por lo que, a pesar de ser múltiples e importantes los estudios realizados desde el punto de vista lingüístico, y desde la historia o la geografía, esperamos haber contribuido a valorar una serie de aspectos básicos que alejan el texto pliniano de la categoría de literatura paradoxográfica[205]. Y de estas pocas reflexiones sobre el texto del naturalista latino acerca de las *Fortunatae Insulae* se puede colegir que, a pesar de lo mucho estudiado sobre él, pensamos que aún es posible un análisis hermenéutico más detallado con la seguridad de que se pueda aportar unas pocas cuestiones de interés sobre las Islas Canarias en la Antigüedad, al tratarse de un archipiélago estrechamente vinculado a las poblaciones prerromanas norteafricanas, ya que sus primeros habitantes son descendientes de las etnias que habitaban el Magreb desde Túnez o Libia al Marruecos meridional.

[205] En un planteamiento contrario al que hemos manejado en estas páginas, se manifiesta la opinión de autores como L. A. GARCÍA MORENO, "Plutarco, *Sertorius*, 8, 2-3 y los orígenes de la Geografía paradoxográfica latina", en J. LÓPEZ y E. CALDERÓN DORTA (eds.), *Estudios sobre Plutarco: Paisaje y naturaleza, op. cit.*: 27-35, para quien las informaciones aportadas por Estacio Seboso no poseen trazos de verosimilitud y no pueden más que circunscribirse a la literatura paradoxográfica.

CAPÍTULO VI

LAS AFORTUNADAS EN LA GEOGRAFÍA DE PTOLOMEO

Un documento de especial relevancia que confirma, asimismo, el conocimiento de las Islas Canarias en la Antigüedad es, a no dudarlo, la obra del geógrafo Claudio Ptolomeo, natural de Tebaida (Egipto), que escribe en el siglo II de nuestra Era, y alude a ellas señalando su posición con una gran exactitud, fijándolas como punto de partida del meridiano que pasa por Canarias. Señala las que se recogen, sobre todo, en el informe de Juba II de Mauritania que hemos estudiado en la obra de Plinio el Viejo y que el geógrafo egipcio describe del modo siguiente: *Aprositos nesos* (tradicionalmente asociada con El Hierro), 0°-16°; *Hera nesos*: 1°-15°-15', *Pluialia nesos*[206]: 0°-14°-15', *Kapraria nesos*: 0°-12°-30', *Kanaria nesos*: 1°-11°, *Ningouaria nesos*: 0°-10°-30'. En la relación ptolemaica aparecen alineadas de norte a sur, y según esa distribución *Aprositos nesos* -la isla *Aprositus*-, ocupa el lugar más cercano a Europa en un meridiano de longitud 0° y en un paralelo de latitud norte 16°. La isla más lejana sería *Ninguaria*[207], situada en una longitud de 0° y una latitud norte de 10°, 30'. El geógrafo las numeró partiendo de la tierra más occidental que se conocía entonces, y de acuerdo con ello extendió el continente de Asia en dirección al este.

Ptolomeo era contemporáneo de los emperadores Adriano y Antonino, quien escribió en el siglo II de nuestra Era, en la ciudad de Alejandría, cerca de una de las bocas del Nilo, donde fundó un centro de gran interés para los estudios geográficos. Fue un notable erudito y geógrafo, y, utilizando los datos de Marino de Tiro, trazó un mapa que habría de servir como documento de referencia para los occidentales durante toda la Antigüedad y buena parte de la Edad Media. Y su *Geografía*, más propiamente su *Guía de Geografía*, reúne por primera vez casi 8.000 sitios del mundo conocido donde expresa las coordenadas en latitud y longitud, estableciendo que este primer meridiano

---

[206] La palabra *nesos* es un término griego que significa "isla", el equivalente al *insula* latino.

[207] A. CABRERA PERERA, *Las islas Canarias en el Mundo Clásico,* Viceconsejería de Cultura y Deportes, Gobierno de Canarias, 1988: 60.

debe pasar por las *Islas Afortunadas* (aquí con el nombre griego *Mákaron Nesoi*), al suponer que se podrían corresponder con las tierras más occidentales del mundo de su tiempo, que abarcaba exactamente 180 grados de longitud, por lo que las eligió para determinar el meridiano de su sistema de coordenadas geográficas y cuyas posiciones estaban referidas a una superficie plana, ya que no se había desarrollado la esfera, por lo que era necesario encontrar un procedimiento de representación que trastocara sus contornos lo menos posible. Y para trazar esta carta, Ptolomeo imaginó un sistema de proyección que difiere muy poco de la que hoy llamamos cónica.

A pesar del sistema ideado por este geógrafo, no trazó por sí mismo la carta cuyos elementos había reunido. Trabajo que sería hecho con posterioridad por *Agathodemon*, aunque siguiendo su método y sus datos, en un mapa de 27 hojas que ha llegado hasta nosotros[208]. Parece que durante el Medievo no se tuvo información de los manuscritos de Ptolomeo, ya que la primera edición latina conocida data del año 1409 (¿o 1405?), que fue publicada en Florencia por Manuel Crysoloras, dedicada al papa Alejandro V, y desde entonces se sucedieron las ediciones en esta lengua, acompañadas de los mapas de *Agathodemon*. En 1475, en Vicenza, se lleva a cabo la primera edición impresa sin mapas; en 1477 se publica otra que incluye ya 26 mapas parciales (12 de Asia, 10 de Europa y 4 de África). En la de Berlinghier, realizada entre 1478 y 1482, ya se incluye un *mapamundi* donde aparecen las *Islas Afortunadas* en número de 6, alineadas de Norte a Sur en el primer meridiano. En la edición de Ulm, de 1482, los nombres con los que figuran citadas las islas desaparecen, y solo se señala el de las *Afortunadas*, que vuelven a encontrarse en la de Roma de 1490.

En el mapa 14 de *Agathodemon*, tabla cuarta de África, en donde se describe la Libia[209] y las dos Etiopías, se encuentran también las *Islas Canarias,* colocadas de norte a sur, unas debajo de otras, por lo que la forma poliédrica que les asigna Ptolomeo, su situación y número, indican que sus datos no eran del todo exactos[210], por lo que las Islas ocupaban seis grados de latitud, y,

---

208 Véase también D. J. WÖLFEL, en su edición de la obra de este autor, *Die Kanarischen Inseln und ihre Ureinwohner*, 1940: 55.

209 El nombre de Libia que aparece en el texto alude a África, ya sea escrito con "y" griega, o con "i" latina. Se refiere siempre a este continente, pues este fue el nombre con el que los griegos lo conocieron, aunque solo fuera una parte importante de él.

210 B. BONNET, Ptolomeo, pp. 4-5. En la edición conservada en la Universidad de La Laguna, en el libro IV, cap VI. Africa, p. 78, figuran del siguiente modo:
Et Fortunatae insula sex numero

frente al Archipiélago, aparecía en el continente africano el ***Promontorio de Canaria o Canaria extrema*** que, como hemos visto, al estudiar el nombre de esta isla, tal hecho posee un valor muy destacado, pensamos, para explicar el origen de su nombre al que nos hemos referido[211].

Otro argumento que resulta de especial importancia y que nos ayuda a contrastar el conocimiento que los romanos poseyeron de las Islas Canarias en la Antigüedad, se halla en Arnobio, orador cristiano de origen tunecino, del s. IV d. C., que había nacido en *Sicca Veneria* (Le Kef, Túnez), quien compuso en el año 305 un libro titulado *Contra los gentiles*, donde figura un pasaje relativo a las "Islas Canarias" bajo la expresión latina de *Canarias Insulas.* Esta información del escritor africano es, seguramente, una de las referencias más destacadas de las contenidas en los textos clásicos sobre este archipiélago, cuya valoración y divulgación se la debemos al Profesor Marcos Martínez, quien puso de manifiesto su interés en dar a conocer el nombre de estas islas que, como se ve, ya existía desde antiguo, mucho antes, sin duda, de que en el medievo comenzara a generalizarse. El texto, donde se recoge su denominación, fue traducido por el Profesor Francisco González Luis y dice lo siguiente[212]: "Si eso no fuera así, desaparecería toda esperanza de ayuda y se pondría en duda si los dioses os pueden escuchar o no, cuando se realiza alguna ceremonia sagrada de acuerdo con los ritos establecidos. En efecto, para comprender mejor esta cuestión, supongamos que se levanta un templo a algún dios en las *Islas Canarias*, otro al mismo dios en la extrema Tule, igualmente otro entre los Seres y otro para idéntico dios entre los morenos Garamantes y otros templos, si existieran algunos otros pueblos, a los que nos impide conocer los mares, montes, bosques y los cuatro puntos cardinales" (Arnob. *Nat.* 6. 5). La referencia a un templo en una zona extrema, como el de la ubicación de las *Canarias Insulas*, puede servir para enmarcar

Aprositus, vel inacesibilis insula.........1........... 16
Herae, hoc est Iunonis insula..............1........... 15, 1/4
Pluitana insula.....................................1............14,1/4
Casperia insula....................................1............11
Pintuaria insula...................................1............10,1/2

[211] J. SÁNCHEZ NAVARRO, 1998:12 La *Geographias Hyphegesis* (Guía de Geografía), como se denomina la obra de Ptolomeo, es una guía para la elaboración de mapas formada por 8 libros, el primero de los cuales trata sobre técnicas de proyección, los seis siguientes establecen por primera vez las coordenadas en latitud y longitud de casi 8.000 lugares del mundo conocido en su época... p. 14. En su libro, Ptolomeo establece que este primer meridiano debe pasar por las "Islas Afortunadas" (Makaron Nesoi) y a partir de él se fijan los restantes y, con ellos, todos los lugares del mundo conocido (Geographia, I, XXII).

[212] M. MARTÍNEZ, 1996, *op. cit.*: 62-63.

este fenómeno en relación a los santuarios donde se establecían los límites espaciales en la misma línea que el casi seguro concepto de las islas *Junonias*, al que hemos aludido, como asimismo al Santuario de Melkart, en Cádiz, o a otros muchos indicadores de estas características que servían para determinar los límites territoriales en los lugares extremos.

La alusión expresa a las *Islas Canarias* como el extremo de la tierra, el *Finis Terrae* del mundo conocido, no puede entenderse en ningún caso como un hecho retórico, o meramente literario, ya que en él se señalan otros lugares que así fueron considerados, también en la Antigüedad, pero sobre todo, porque sigue lo expresado por el geógrafo Claudio Ptolomeo, quien hacía figurar las Islas Canarias como el límite de los territorios entonces conocidos. Más allá de este archipiélago solo existía el gran Océano, el mar Exterior, que durante siglos fue un espacio ignoto para los europeos, hasta que el conocimiento geográfico comenzara a cambiar a partir del jueves seis de septiembre de 1492, cuando Colón salió de la rada de San Sebastián de La Gomera y atravesó la isla de El Hierro, lugar desde el que se establecía un punto de no retorno, pero que marcaría el descubrimiento de otras tierras que los antiguos no habían llegado a conocer.

De los cuatro archipiélagos atlánticos que forman la Macaronesia, en el pasado solo se supo de las Islas *Afortunadas*, que desde los inicios del siglo IV de la Era, recibirán, además, el nombre de *Islas Canarias* –como hemos visto-, denominación que no obtuvo en la Antigüedad la divulgación que sí alcanzó aquella otra, enraizada en la tradición mítica del imaginario greco-latino, debido al escaso conocimiento que se tuvo de la obra de Arnobio, por lo que solo comenzaría a divulgarse a partir del primer tercio del siglo XIV, cuando las Islas fueron redescubiertas, después de tantos siglos, y de las que se sabía solamente lo contenido en los libros que fueron pacientemente copiados en diversos manuscritos de los que solo una pequeña parte ha llegado hasta nosotros. En algunos autores del Renacimiento, cuando se referían a las islas Canarias lo hacían indistintamente con las denominaciones de *Islas de Canaria*, o de *Islas Canarias*, sin saber, como le sucedía al ingeniero cremonés L. Torriani, la procedencia de tal nombre de "*Canarias* [que] la verdad de ello no se sabe"[213].

---

213 L. TORRIANI, ([1592]/1978), *ob. cit.*: 13.

CAPÍTULO VII

LA MAURETANIA DE JUBA II Y SUS DOMINIOS SOBRE LAS AFORTUNADAS

Para comprender los aspectos jurídicos que se derivan del descubrimiento de las Islas Canarias, respecto de su pertenencia al gobierno de Roma, nos parece pertinente conocer algunas cuestiones que consideramos imprescindibles porque, como hemos señalado oportunamente, el Archipiélago había sido descubierto durante la etapa imperial, mientras el rey Juba II gobernaba en la Mauretania, mandato que coincide con el del emperador Augusto, por lo que siguiendo ese argumento, las islas debieron de ser consideradas un territorio adscrito al Imperio romano, al haber sido, si no descubiertas en época de Estacio Seboso y Juba II, como nosotros proponemos, sí al menos en los inicios del siglo I a.C., entre los años 82-81, en el supuesto de que fuera a estas islas a las que se refiere el relato sobre la vida de Sertorio, del que nos informó el historiador griego Plutarco (s. II d.C.), aunque sobre esta cuestión mantenemos, como así nos hemos expresado, una prudente reserva sobre su contenido.

En cualquier caso, y siguiendo lo descrito en el texto de Plinio, estudiado en capítulos anteriores, es bastante probable que las islas fueran, en efecto, exploradas a fines del siglo I a.C., o en el primer cuarto del I de la Era, cuando tiene lugar la expedición enviada por el rey mauritano Juba II, en una época en la que, a nuestro juicio, aún no se hallaban habitadas, porque según se infiere del citado texto del naturalista latino no existen evidencias claras sobre este particular, sino solo datos indirectos que, a nuestro juicio, confirman tal aserto. De este modo, y en el supuesto de que se tratara realmente de zonas no habitadas, como así lo consideramos, se les aplicaba una norma de carácter consuetudinario relativa a las tierras de nadie –es decir, *terra nullius*-, por lo que eran del primero que las tomara, *res primi capientis*, ya que por derecho pertenecían a quienes las descubrieran y tomaran posesión de ellas[214]. Este estatus jurídico es una figura bien conocida en la jurisprudencia

[214] El profesor Álvarez Delgado se refirió a la situación jurídica de las Islas, después de que fueran descubiertas por la expedición mandada por Juba II, en su obra, *Descubrimiento, colonización y primer poblamiento de las Islas Canarias, ob. cit.* 2014: 433.

romana que daba pie, sin ninguna duda, a que tales territorios quedaran inmediatamente incorporados a la órbita de su mandato. Hecho que, como es bien conocido históricamente, ha seguido en uso, sobre todo en la Era de los Descubrimientos, cuando se llegaba a "tierras abandonadas y, por lo tanto, susceptibles de ser ocupadas por sus nuevos propietarios"[215].

Sobre estos acontecimientos, J. P. Canamas se ha expresado de forma categórica al defender que "Las islas están vacías, ya no son de nadie. Son *bienes vacantes*, terrenos que pueden ser tomados por el primero en llegar. Esto es lo que se puede leer entre líneas en el texto de Juba. Ahora bien, el primero en llegar es precisamente el *rey de Mauretania*: ¿Quién mejor que él, el *redescubridor* de estas fabulosas islas, podría reclamar su ocupación? Tanto más cuanto que éstas están situadas muy cerca de las costas africanas, frente a tierras que pertenecen (al menos nominalmente) al rey. Rey que, por otra parte, no es solamente el descendiente o heredero de todas las dinastías bereberes, sino también, el legatario cultural de Cartago, amigo y protegido del emperador Augusto, esposo de Cleopatra Selene, última descendiente de los reyes de Egipto"[216]. Las Canarias eran, sin duda, una parte adyacente a África. Y desde el punto de vista jurídico lo fue del Imperio romano, por lo que a partir de Juba terminarían integradas dentro de sus dominios[217].

Después de la toma de posesión de Juba II, de su reino en el norte de África, su primer interés radicaría en explorar, precisamente, los territorios que le pertenecían y es este el contexto en el que se adentra en la *Getulia*, cuando según la narración de Juba II, seguida por Plinio (Plin. *Nat.* 6. 202-205), nos da cuenta del descubrimiento de las islas Purpurarias, en las que el soberano pudo establecer una base naval y un centro industrial de fabricación de la púrpura,

---

[215] J. P. CANAMAS, *Ensayo sobre el poblamiento de Canarias,* Ed.J.P. Canamas, Las Palmas de Gran Canaria, 2015: 2.

[216] *Ibidem*, 24.

[217] En la nota 95 de las páginas 26 y 27 de la edición de la obra de GIBBON, *The Decline and fall of the Roman Empire,* del ano 1909, se dice que Voltaire había asociado generosamente las islas Canarias al poder de Roma. Y, en efecto, el famoso pensador francés se refiere a ello en el tomo XIV, 297 de la «Collection complète des oeuvres de Mr. Voltaire», Géneve, 1769. Estos datos se los debemos a nuestro colega José A. Delgado Delgado, Profesor Titular de Historia Antigua de la Universidad de La Laguna, a quien le agradecemos su información. En la edición resumida de la citada obra (Debolsillo), en la página 52 del año 2003, el editor dice en una llamada a pie de página que "el señor de Voltaire, sin que lo respalden los hechos ni las probabilidades, ha cedido generosamente las islas Canarias al Imperio Romano".

como negocio propio que, con posterioridad, sería la base de salida y el punto de referencia para la exploración de las Islas *Afortunadas* (Canarias)[218].

Juba II había sido honrado como *duumviro* de Cádiz (Avieno, *Ora* vv. 257-283) y, posteriormente, el 23-24 d.C., en virtud del principio hereditario del patronato que luego asumiría su hijo Ptolomeo, patrono y *duumviro quinquenal* de Cartagena (*CIL*, II: 3417), con lo que se simbolizaba las buenas y sólidas relaciones comerciales mantenidas con unos enclaves hispanos cuya actividad mercantil y pesquera debía de haberse visto favorecida por el mauritano. Juba II, entre otras funciones encomendadas por Augusto, debía contener a los nómadas que desde las tierras interiores bajaban a la costa del suroeste peninsular donde se encontraban los intereses de *Gades* y, por ende, los de Roma, ya que allí había establecido colonias de ciudadanos romanos, jurídicamente dependientes de Hispania[219].

Anverso y reverso de una moneda donde figura la imagen del rey Juba, con la leyenda escrita en latín. El reverso está escrito en griego con la representación de dos símbolos astrales, el sol y la luna.

[218] M. COLTELLONI TRANNOY, *ob. cit.*, 1997: 98; E. GOZALBES CRAVIOTO, *ob. cit* , 2007: 288 y ss. y 295-296.

[219] Véase B. LLORIS (1978), quien apunta, además, a negocios de explotación de minas y exportación de sus productos; COLTELLONI-TRANNOY (1997); CHIC GARCÍA (2008); GOZALBES CRAVIOTO (1983); PÉREZ MACÍAS y DELGADO DOMÍNGUEZ (2007); MANGAS (1988).

Este hecho tuvo más tarde una resonancia singular con relación a la pertenencia del Archipiélago a la Corona de Castilla, ya que al crearse el *Principado de la Fortuna*, se defendía de este modo el antiguo dominio de los romanos sobre las Islas *Afortunadas*, basándose para ello en un hecho histórico bien conocido, el de que Juba II había sido nombrado por Augusto *Duomvir honorario*, magistrado de una colonia o ciudad romana, entre ellos, *Gades* (Cádiz) y *Cartago Nova* (Cartagena), ambas ciudades de *Hispania*[220].

Alonso de Cartagena y los emisarios de Juan II de Castilla, de lo que se hizo eco Viera y Clavijo[221], defendían que el dominio de las Canarias correspondía a Castilla, debido a su histórica dependencia de la Bética, adscrita a la provincia de la Mauritania Tingitana, después de la división provincial el año 42 de la Era, realizada por el emperador Claudio, lo que confirmaba, sin duda, la pertenencia de las Islas Canarias a la Corona de Castilla, frente a las pretensiones de Portugal al Archipiélago, ya que la corona lusa las reivindicaba para sus dominios. Esta defensa se hizo basándose, precisamente, en los textos clásicos, como así se recoge en los distintos apartados en los que se dividen sus *Allegationes*.

Como muestra de lo dicho, presentamos un pequeño texto que forma parte del Primer Fundamento, en el que, entre otras cosas, se dice: "De esto se deduce suficientemente que éstas son las islas que actualmente se llaman de *Canarias*, lo cual está claro por su situación. (...) También se conjetura esto partiendo del nombre, pues algunas de ellas, principalmente las primeras, **se llamaban islas de los *Afortunados***"[222]. Esto explica, justamente, la denominación de Canarias como *Principado de la Fortuna*.

En este sentido se expresa Luis Suárez Fernández[223] en su *Historia de España* (dirigida por Menéndez Pidal), quien tratando esta cuestión dedicada a *Los Trastámara de Castilla y Aragón en el siglo XV*, recoge lo siguiente: "En la primera mitad del siglo XV el problema canario y el de África aparecían íntimamente ligados dentro de una sola cuestión: la de las zonas reservadas

[220] Para más datos, véase J. CARCOPINO, "Volubilis, résidence de Juba et des gouverneurs romains", *Hésperis*, 17, 1933: 1-24 y Ch. A. JULIEN (1951), *Histoire de l'Afrique du nord Tunisie-Algerie-Maroc*, Ed. Payot, Paris, 1951: 162.

[221] VIERA Y CLAVIJO, *Idem*: 21 y V, 17.

[222] T. GONZÁLEZ ROMÁN, F. HERNÁNDEZ y P. SAQUERO SUÁREZ-SOMONTE, 2002: 93-95.

[223] *Historia de España* (dirigida por Menéndez Pidal) (1964): Vol. XV: 15-16. A. RUMEU DE ARMAS, *España en el África Atlántica*, T. I, 1956: 92. Véase al respecto, igualmente, el trabajo de E. AZNAR VALLEJO, 2001: 47-82.

a cada monarquía para la evangelización armada de territorios ocupados por infieles. Entre los reinos cristianos peninsulares existían acuerdos, bastante antiguos, al respecto. Precisamente una de las novedades de las *Allegationes* de [*Alonso de*] Santa María consiste en afirmar un nuevo argumento, el de la *continuidad visigótica*, a favor de los soberanos de Castilla. Según él, la restauración abarcaba a la antigua provincia Tingitana porque, en la última estructura provincial dada al Imperio romano, formaba parte de la diócesis española. **Las Canarias eran, sin duda, una parte adyacente a África**...", como asimismo, y en igual sentido se manifestaría A. Rumeu de Armas, en su obra, *España en el África Atlántica.*

BIBLIOGRAFÍA

ABREU Y GALINDO, J. ([1590-1632]/1977). *Historia de la Conquista de las siete islas de Canaria*, Tenerife.

ALVAR EZQUERRA, J. (1981). *La navegación prerromana en la Península Ibérica: colonizadores e indígenas.* Tesis doctoral. Universidad Complutense (Madrid).

—- (1987). "La precolonización y el tráfico marítimo fenicio por el Estrecho". *I Congreso Internacional del Estrecho de Gibraltar*, Madrid, pp. 429-443.

—- (1992). "Técnica naval y expansión ultramarina". En *Navegantes y Descubridores en la Antigüedad.* Historia 16, nº 196, año XVI, pp. 68-74.

—- (2000). "Una lectura arqueológica del Atlántico de Avieno". En Aubet, M.E. y Bathélemy, M. (ed): *Actas del IV congreso internacional de estudios fenicios y púnicos.* Vol. II, pp. 723-725.

ÁLVAREZ DELGADO, J. (1945). "Las islas Afortunadas en Plinio", *Revista de Historia*, 69, pp. 26-61.

—- (1946). "Purpura Gaetulica", *Emerita*, 12, pp. 100-127.

—- (1950). "La navegación entre los canarios prehispánicos". *Anuario de Estudios Atlánticos*, nº 23, pp. 164.

—- (1962). "Nota sobre algunos topónimos y nombres antiguos de tribus beréberes en las Islas Canarias." Anuario de Estudios Atánticos.

—- (1977). "Leyenda erudita sobre la población de Canarias con africanos de lenguas cortadas", *AEA*, 23 , pp. 51-81.

—- (2014). *Descubrimiento, colonización y primer poblamiento de las Islas Canarias*, Eds: Alfredo Mederos Martín y Gabriel Escribano Cobo (Eds.). Santa Cruz de Tenerife, Ediciones Idea. Col. Thesaurus.

AMIANO MARCELINO (1999). *Histoire, (Historias (Rerum gestarum libri XXXI*, 22,15,8), T. VI (libros XXIX-XXXI), Introducción, texto y traducción de Guy Sabbah, París, Les Belles Lettres.

AMIOTTI, G. (1988). "Le Isole Fortunate: mito, utopia, realità geografica", *CISA*, 14, pp.166-177.

APOLONIO DE RODAS (1996). *El viaje de los Argonautas.* Introducción y nota de Carlos García Gual. Biblioteca Universal del Círculo de lectores.

ARCO AGUILAR, Mª del C. del, ARCO AGUILAR, Mª M. del, BENITO MATEO, C. y ROSARIO ADRIÁN, Mª C., (2016): "Un taller romano de púrpura en los límites de la ecúmene. Lobos I". *El Museo de la Naturaleza y el Hombre*. Santa Cruz de Tenerife.

ARCOS PEREIRA, T. y RODRÍGUEZ, G. (2002). "Las islas del Atlántico en la *Epaenesis Iberica* de Luis Tribaldos de Toledo", *Humanistica lovaniensia: journal of neo-latin studies*, 51, 2002: 273-284.

ATOCHE PENA. P. y PAZ PERALTA, J.A. (1996). "Canarias y la Costa Atlántica del N.O. africano: difusión de la cultura romana". En Balbín Behrmann, R. y Bueno Ramírez, P., *II Congreso de arqueología peninsular.* Tomo IV, pp. 365-375.

AUBET SEMMLER, M. E. (2000). "Cádiz y el comercio Atlántico". En Aubet, M. E. y Bathélemy, M. (ed.), *Actas del IV congreso internacional de estudios fenicios y púnicos.* Vol. 1, pp. 31-41.

AZNAR VALLEJO, E. (2001). "Los itinerarios Atlánticos en la vertebración del espacio hispánico. De los Algarbes al Ultramar Oceánico". En Itinerarios medievales e identidad hispánica: XXVII Semana de Estudios Medievales. Estella, pp. 47-82

AZNAR VALLEJO, E., PICO, B., CORBELLA D. (2003). *Le Canarien. Manuscritos, transcripción y traducción*, Tenerife.

AZNAR VALLEJO, E. CORBELLA DÍAZ, D., TEJERA GASPAR, A. (2012). L*a "Crónica de Guinea", un modelo de etnografía comparada* (Gomes Eanes de Zurara). Casa África.

—- (2017). *Los viajes africanos de Alvise Cadamosto (1455-1456)*, Instituto de Estudios Canarios.

BARDON, H. (1956). *La Littérature Latine inconnue, T.II, Época Imperial*, París.

BACALLADO, J.J; ORTEGA MUÑOZ, G., DELGADO CASTR, G; y L., MORO ABAD, (1984). *La enciclopedia temática e ilustrada de Canarias,* Islas Canarias, Centro de la Cultura Popular Canaria.

BARKER-WEBB, MM.P.-BERTHELOT, S. ([1835]/2023). *Histoire Naturelle des Îles Canaries,* III, Legare Street Press, New York.

BASSOLS DE CLIMENT, M. (1983). *Fonética latina*, Madrid, Gredos, n.15.

BEJARANO, V. (1987). "Hispania Antigua en la *Historia Natural*". En *Fontes Hispaniae Antiquae*, Fasc. VII, p. 135.

BÉNABOU, M. (1976). *La résistance africaine à la romanisation*, Paris.

BENZONI, Girolamo (1572): *La Historia del Mondo Nuovo.* Venecia: Ad instantia di Pietro, & Francesco Tini, fratelli. [Reimpresión de la edición de 1565].

BLÁZQUEZ, J.Mª (1977). "Las Islas Canarias en la Antigüedad. *Anuario de Estudios Atlánticos,* 23 :35-50.

BOCACCIO, GIOVANNI [c. 1341]11992-1993. "De Canaria et Insulis Reliquis Ultra Ispaniam in Occeano Noviter Repertis / Canaria y las otras islas recientemente descubiertas más allá de España en el Océano." "Syntaxis", 30-31, 1: 134.

BONNET REVERÓN, B. (1926-1927). "La geografía de Ptolomeo y las islas Canarias". *Revista de Historia,* Nº. 9-16, 1926-1927.

CABRERA PERERA, A. (1988). *Las islas Canarias en el Mundo Clásico,* Viceconsejería de Cultura y Deportes, Gobierno de Canarias.

CANAMAS, J.P. (2015*). Ensayo sobre el poblamiento de Canarias,* Las Palmas de Gran Canaria, Ed. J.P. Canamas.

CARCOPINO, J. (1933). "Volubilis, résidence de Juba et des gouverneurs romains", *Hésperis,* 17: 1-24.

CASARIEGO, J.E. (1950). "Las grandes exploraciones marítimas del África en la Antigüedad". *Archivos del Instituto de Estudios Africanos,* nº 14, pp. 7-38.

CASSON, L. (1969). *Los antiguos marinos. Navegantes y guerreros del mar en el Mediterráneo de la Antigüedad.* Ed. Paidós, Buenos Aires.

COMA, Guillermo (1984). "Relación de Guillermo Coma, traducida por Nicolás Esquilache". En J. Gil y C. Varela. Ed. *Cartas de particulares a Colón y Relaciones coetáneas,* 1984: 185.

CRUZ ANDREOTTI, G. (1994). "La Historia Antigua, las islas míticas y las Canarias", *Baetica. Estudios de Arte, Geografía e Historia,* 16, pp.241-245.

CHIC GARCÍA, G. (1994). "Roma y el mar: del mediterráneo al Atlántico". *Guerra, exploraciones y navegación: del Mundo Antiguo a la Edad Moderna,* El Ferrol, 18-21 de Julio de 1994, Betanzos, 1995: 55-89.

—- (2005). "Medios y modos del transporte marítimo en época antigua", en *Fortunatae Insulae, Canarias y el Mediterráneo,* Organismo Autónomo de Museos y Centros del Cabildo de Tenerife, del 15 de octubre de 2004 al 9 de enero de 2005: 49-59.

CHIL Y NARANJO, G. (1880). *Estudios históricos, climatológicos y patológicos de las Islas Canarias, t.I, 1ª parte: Historia,* Las Palmas de Gran Canaria. Isidro Miranda.

COLTELLONY TRANNOY, M. (1997). *Le royaume de Maurétanie sous Juba II et Ptolémée (25 av. J.-C.-40 ap. J.-C.),* CNRS, Paris.

DELGADO DELGADO, J.A (1995). "De Posidonio a Floro": Las *Insulae Fortunatae* de Sertorio", *Revista de Historia Canaria,* 177: 61-74.

—- (2001). "Las islas de Juno ¿hitos de la navegación fenicia en el Atlántico en época arcaica?", *The Ancient History Bulletin,* 15, 1-2: 29-43.

—- (2011-2012). "Canarias en la antigüedad como problema histórico", *Tabona*: Revista de Prehistoria y de Arqueología, Nº. 19, pp. 9-23.

DESANGES, J.G. "Le triomphe de Cornélius Balbus, 19 av. J.C.", *RAF,* 101, 1957: 5-43.

—- (1962). *Catalogue des tribus africaines de L'Antiquité Classique à l'Ouest du Nil,* Dakar, 1962.

—- (1964). "Les territoires gétules de Juba II", *REA,* 66: 33-47.

—- (1990). "Autolatae / Autololes / Autoteles", Encyclopédie berbère, 8, 1175-1176.

DESJACQUES, J. et P. KOEBERLÉ (1955). "Mogador et les Iles Purpuraires". *Hesperis,* T. XLII. pp. 193-202.

DETEFLEN (1908). *Die Geographie Afrikas bei Plinius und Mela und ihre Quellen (Quell. Und Forsch.,* ecc. Heft 14, Berlín, 1908), pág. 51 y ss.

—- (1909). *Die Anordnung der geographischen Bücher des Plinius und ihre Quellen (Quell. und Forsch.*, ecc. Heft 18, Berlín, 1909: 110, 164 y ss.

DÍAZ TEJERA, A. (1988). "Las Canarias en la Antigüedad", en *Canarias y América*, Sevilla: 13-32.

DILKE, O.A.W. (1985). *Greek and Roman Maps*, Londres, 44-52.

DOMÍNGUEZ MONEDERO, A. (1992). "Viajes por el Atlántico y el Índico Occidental". En *Navegantes y Descubridores en la Antigüedad.* Historia 16, nº 196, año XVI, pp. 74-81.

FISCHER, C. TH. (1910). "Fortunatae Insulae" , *R.E.*, VII,1, col. 42-43.

FOLEY, y. y SOEDEL, W. (1981). "Naves de guerra a remo en la Antigüedad". *Investigación y Ciencia*, 57, pp. 104-119.

FRUTUOSO, G. (1964). *Las Islas Canarias (de "Saudades da Terra").* Fontes Rerum Canariarum, XII. Edición y traducción por Elías Serra, Juan Régulo y Sebastiao Pestana. La Laguna, Instituto de Estudios Canarios.

GARCÍA GARCÍA, A. (2008). "El informe de Juba II sobre las *Fortunatae Insulae* (Plinio el Viejo, *HN*; VI, 202-205)", *Tabona* 17, pp. 141-164.

—- (2010). *Juba II y las Islas Canarias*, Santa Cruz de Tenerife, Ediciones Idea.

—- (2011). "*Ombrios*, Isla de la lluvia, en las *Fortunatae Insulae* de Plinio el Viejo." *Solidarium Munera. Homenaje a Francisco González Luis.* Madrid, Ediciones Clásicas, 2011, pp. 167-176.

GARCÍA GARCÍA, A., TEJERA GASPAR, A. (2014). "La primera imagen de las Islas Canarias en la *Naturalis Historia* de Plinio el Viejo", *Fortunatae*, 25, pp. 157-167.

GARCÍA-TALAVERA CASAÑAS, F. (2006). "Purpurarias afortunadas: la Macaronesia Central en la Antigüedad", *Makaronesia: Boletín de la Asociación de Amigos del Museo de Ciencias Naturales de Tenerife*, Nº. 8, pp. 60-8.

—- (2017). "Gallotia goliath, el verdadero gigante". En *Canarias Insólita. Bestias, fenómenos y calamidades*, Ed. Herques, 2017:80-82.

GARCÍA MORENO, L. (1991). "Plutarco, Sertorius 8.2-3 y los orígenes de la geografía paradoxográfica latina". En J. García López-E. Calderón (eds). *Estudios sobre Plutarco: paisaje y naturaleza. Actas del II Simposio Español sobre Plutarco.* (Murcia, 1990), Madrid, 1991, pp. 27-35.

GARCÍA MORENO, L. y F. J. GÓMEZ ESPELOSÍN (eds.) (1996). *Relatos de Viajes en la Literatura Griega Antigua.* Alianza Editorial, nº 1794. Alianza Editorial.

GARCÍA Y BELLIDO, A. (1967). *Las Islas Atlánticas en el Mundo Antiguo*, Las Palmas de Gran Canaria.

—- (1977). "Las Islas de los Bienaventurados o Islas Afortunadas", en *Veinticinco estampas de la España Antigua*, Madrid, pp. 47-57;

GARCÍA-RAMOS BRETILLARD, R. (1902). "Las Islas Górgades o Gorgonas", publicado en *Diario de Tenerife* el 17 de mayo de 1902. *Documentación obtenida de Jable.Archivo de prensa digital de la ULPGC).*

GIL, J. y C. VARELA, C. Ed. (1984). *Cartas de particulares a Colón y Relaciones coetáneas.*

GÓMEZ ESPELOSÍN, J. (1996). *Paradoxógrafos griegos. Rarezas y maravillas*, ed. Gredos.

GÓMEZ PANTOJA, J. (1988). "El sueño de Sertorio", en *Actas del Congreso Internacional "El Estrecho de Gibraltar"(Ceuta 1987)*, Madrid, t.I: 763-767.

GONZÁLEZ ROMÁN, T. HERNÁNDEZ, F. y P. SAQUERO SUÁREZ-SOMONTE, 2002: 93-95.

GOZALBES CRAVIOTO, E. (1989). "Sobre la ubicación de las Islas de los Afortunados en la Antigüedad Clásica", *Anuario de Estudios Atlánticos*, 35: 17-43.

—- (1992). "Las Canarias y las Islas de los Afortunados", *Historia 16*, n°191, marzo: 31-36.

—- (2007). "Las islas atlánticas de la púrpura (Plinio, *NH.* VI, 201). Un estado de la cuestión", *Anuario de Estudios Atlánticos*, 53, 2007, pp. 273-296.

—- (1992). "Las Canarias y las Islas de los Afortunados", *Historia 16*, n°191, marzo: 31-36;

—- (2011). "África en el imaginario: las exploraciones geográficas del rey Iuba II de Mauretania", *Stud. hist., H.ª antig.*, 29: 168.

GRIMAL, (2010). *Diccionario de Mitología Griega y Romana*, Barcelona, Ed. Paidós, Barcelona.

GSELL, St. (1914). *Histoire ancienne de l'Afrique du Nord*, Tome I, París.

GSELL, St. (1972). *Histoire ancienne de l'Áfrique du Nord*, t.VIII: Jules César et l'Afrique. Fin des royaumes indigènes, Osnabruck, 1972.

JULIEN Ch.A. (1951). *Histoire de l'Afrique du nord Tunisie-Algerie-Maroc*, Paris, Ed. Payot, 162.

HERNÁNDEZ MORÁN, J. ([1999] 2000). "Los Canes del escudo de Canarias, ¿Un equívoco Histórico?". *Estudios Canarios. Anuario del Instituto de Estudios Canarios*, XIV, pp. 435-4.

HERÓDOTO ([1979]). *Historia.* Libros III-IV. Traducción y notas de Carlos Schraeder (Ed.). Editorial Gredos, 1979.

HERRERA PIQUÉ, A. (1986). "*Las islas Canarias en la Antigüedad", Revista Aguayro*, n° 167, pp. 19-26.

HESÍODO (1997). *Obras y fragmentos: Teogonía. Trabajos y días. Escudo. Fragmentos. Certamen.* Madrid: Gredos.

JÁUREGUI, (1954). "Las Islas Canarias y la carrera del oro y de la púrpura en el periplo de Hannón", en *Congreso Arqueológico del Marruecos Español*, Tetuán: 271-276;

JIMÉNEZ GONZÁLEZ, J.J. (2005). *Canarii. La génesis de los canarios desde el Mundo Antiguo.* Ed. Centro de la Cultura Popular Canaria. Santa Cruz de Tenerife.

—- (2014). *La tribu de los CANARII. Arqueología, Antigüedad y Renacimiento*, Santa Cruz de Tenerife, Le Canarien ediciones.

JODIN, A. (1966). *Mogador. Comptoir phénicien du Maroc Atlantique.* Études et Travaux d´Archéologie marocaine, II. Rabat.

—- (1967). "*Les établissement du roi Juba II aux îles Purpuraires (Mogador)*". Fouilles du Service des Antiquités du Service du Maroque. Tanger.

JORGE GODOY, S. (1996). *Las navegaciones por la costa atlántica africana y las Islas Canarias en la Antigüedad.* Gobierno de Canarias. Santa Cruz de Tenerife.

KLOTZ, B. (1906). *Questiones Plinianae geographicae (Quellen und Forschungen zur alten Gesch. und Geographie herausg. von W. Sieglin,* Heft 11, Berlín, 1906.

—- (1921) "*Sebosus*" en *RE*, II A, 1, cols. 966-967.

—- (1923) "*Sebosus*" en *RE*, III A, 2, col. 2223.

KROLL, W. (1929). "*Sebosus*" en *RE* III A, 2, 2223.

LASSERRE, F. (1975). "Sebosus Statius", *KlPauly* 5, p. 59

—- (1982). "Un conflit 'routier': observations sur les causes de le Guerre de Tacfarinas", *Antiquités africaines,* 18: 11-25;

LE CANARIEN. (2003). Manuscritos, transcripción y traducción por Berta Pico, Eduardo Aznar, Dolores Corbella, Instituto de Estudios Canarios.

LORENZO PERERA, M.J. MANUEL JIMÉNEZ MEDINA, J. MANUEL ZAMORA MALDONADO, (1999). *La anguila: estudio etnográfico, pesca y aprovechamiento en las Islas Canarias*, La Laguna.

LONIS, R. (1978). "Les conditions de la navigation sur la côte atlantique de l´Afrique dans l´Antiquité: le problème du "retour". En *Colloque Afrique noire et monde méditerranéen dans l´Antiquité.* Dakar-Abidjan, pp. 147-170.

LÓPEZ PARDO, F. (1987). *Mauritania Tingitana: de mercado colonial púnico a provincia periférica romana*, Madrid, pp. 192-198.

—- (2009). "La isla Planasia de Statius Sebosus: elementos para la discusión", *Canarias Arqueológica. Arqueología/bioantropología* 17, 53-78.

LÓPEZ PARDO, F. y KBIRI ALAOUI, M. (1998). La factoría fenicia de Mogador (Essaouira, Marruecos) las cerámicas pintadas. Archivo español de arqueología, Vol. 71, N° 177-178, 1998, pp. 5-26

LUQUET, A. (1973). "Note sur la navegation de la cóte Atlantique du Maroc". *Bulletin d 'Archéologie Marocaine*, IX, pp. 297-306.

MANFREDI, V. (1997). *Las Islas Afortunadas. Topografía de un mito,* Ed. Anaya y Mario Muchnik, Madrid.

MANGAS MANJARRÉS, J. (1996). *Aldea y ciudad en la antigüedad hispana*, Madrid.

MARTÍN DE GUZMÁN, C. (1985-86). "Los problemas de la navegación pre y protohistórica en el mar de Canarias y la fachada atlántico-sahariana". *V Coloquio de Historia Canario-americana.* Vol. IV. Las Palmas de Gran Canaria. pp. 25-144.

MARTÍNEZ HERNÁNDEZ, M. (1992). "Canarias en la Antigüedad: mito y utopía", *Historia de Canarias,* coord. F. MORALES PADRÓN, Las Palmas de Gran Canaria, 1992, vol. I. :21-40;

—- (1992,b) *Canarias en la Mitología,* Santa Cruz de Tenerife, Centro de la Cultura Popular Canaria-Cabildo de Tenerife, 1992;

—- (1993). "Sobre el plural *Islas Canarias* en la Antigüedad", *Strenae Enmanuelae Marrero Oblatae,* La Laguna, 1993, vol.II. :51-53;

—- (1994). "La onomástica de las Islas Canarias de la Antigüedad a nuestros días", *Actas del X coloquio de Historia Canario-Americana,* 1992, vol. II, Las Palmas de Gran Canaria, 1994: 78-88;

—- (1996,a). *Las Islas Canarias de la Antigüedad al Renacimiento. Nuevos aspectos,* Santa Cruz de Tenerife, Centro de la Cultura Popular Canaria-Cabildo de Tenerife, 1996;

—- (1996,b). *Nuevos estudios de Historia Canaria. Las Islas Canarias de la Antigüedad al Renacimiento. Nuevos aspectos,* Ed. Cabildo de Tenerife, Centro de la Cultura Popular Canaria.

—- (1998). "Estacio Seboso" en la *Gran Enciclopedia Canaria,* t. VI, Las Palmas de Gran Canaria, p.1437.

—- (2002). *Las Islas Canarias en la Antigüedad Clásica. Mito, historia e imaginario.* Centro de la Cultura Popular Canaria. Santa Cruz de Tenerife.

MARZOLI, D. (2018). "Mogador (Essaouira), Marokko. Ein phönizischer Außenposten an der marokkanischen Atlantikküste. Die Arbeiten der Jahre bis 2018". DAI. publications. *ELEKTRONISCHE PUBLIKATIONEN DES DEUTSCHEN ARCHÄOLOGISCHEN INSTITUTS.*

MAS ÁLVAREZ, B. (1989). *Aportación al estudio de la nutrición de la anguila europea: Anguilla anguilla,* Madrid.

MATTHEWS, V.J. (1901). "The *Libri Punici* of King Hiempsal", *AJPh,* 9(1972), pp. 330-335.Mau,en *RE,*IV,2 (1901), col.2021,s.v. *D£ktuloç* (n°4).

MAUNY, R. (1955). "La navigation sur les côtes du Sahara pendant l'antiquité". *Revue des Etudes Anciennes.* n° 57. pp. 92-102.

—- (1960). *Les navigations médiévales sur les côtes sahariennes antérieurs à la decouverte portugaise (1434).* Lisboa.

—- (1968). "Les explorations en Afrique dans l´Antiquité, le problème des navigations". En *Histoire de l´Afrique à l´usage du Sénegal.* Paris, p. 94.

MAYHOFF (ED.), C. (1967). *C. Plini Secundi Naturalis Historiae,* vol.I, Stutgard, Teubner, apéndice, p. 555.

MEDAS, S. (1993). "La marina de Cartago". *Revista de Arqueología,* I, pp. 30-43.

—- (2004). *De rebus nauticis: L´arte della navigazione nel mondo antico,* L´Erma di Bretschneider, Roma, 183.

MEDEROS MARTÍN, A. ESCRIBANO COBO, G. (1999). "Antes de Colón, Navegaciones atlánticas en el litoral africano y aledaños". *La Prensa (El Día),* Sábado 1 de Mayo de 1999.

MEDEROS MARTÍN, A. (2010). "Las columnas de Atlas. El periplo africano de Statius Sebosus de Gades a las Islas Afortunadas." *Confines. El extremo del mundo durante la Antigüedad/* coord. por Fernando Prados Martínez, Iván García Jiménez, Gwladys Bernard, págs. 175-212

MEDEROS MARTÍN, A. y ESCRIBANO COBO, G. (2002): *Fenicios, púnicos y romanos. Descubrimiento y poblamiento de las Islas Canarias. Gobierno de Canarias.* Madrid.

—- (2014): *Descubrimiento, colonización y primer poblamiento de las Islas Canarias* de Juan Álvarez Delgado, Eds.: Alfredo Mederos Martín y Gabriel Escribano Cobo, Santa Cruz de Tenerife, Ediciones Idea. Col. Thesaurus.

MILLARES TORRES, A. (1977). *Historia General de las Islas Canarias,* t.1, Edirca, Las Palmas de Gran Canaria.

MORICI, C. (2006). "La Palmera Canaria. Phoenix canariensis", Rincones del Atlántico nº 3: 134-143.

MÜLLER, C. (1929). Studien zur Geschichte der Erdkunde im Altertum. I. *Die Kunde des Altertums von den Canarischen Inseln. II. Statius Sebosus (diss.),* Breslau (1902), p. 31 ss.; W. KROLL, "Statius Sebosus", *RE* III, A,2, 2223;

NAGORE LAÍN, F. (1988). "Los sufijos -ario, -dor, -eria, -ero, -ista y -orlo en los términos artísticos", *Revista Estudios Altoaragoneses,* 1988.

PAVIS D'ESCURAC, H. (1982). "Les méthodes de l'imperalisme romain en Maurétanie en 33 avant J.C. á 40 aprés J.C.", *Ktema,* 7:226-231;

PERRY, J.H. (1989). *El descubrimiento del mar.* Ed. Crítica. El Medio.

RACHET, M. (1970). *Rome et les Berbères. Un probleme militaire d'Auguste à Dioclétien,* Bruselas, Latomus, 1970;

RAVEN, S. (1993). *Rome in Africa,* Routledge, London, 13.

ROSA OLIVERA, L. y MARRERO, M. (1986). *Acuerdos del Cabildo,* Fontes Rerum Canariarum, T. XXVI, 1525-1533, San Cristóbal de La Laguna Isla de Tenerife.

RUMEU DE ARMAS, A. (1956). *España en el África Atlántica,* T. I, 1956.

SAGAZAN, G. DE (1956). "L'exploration par Juba II des Îles Purpuraires et Fortunées", *Revue Maritime,* 3, pp.1113-1121.

SÁNCHEZ NAVARRO, J. 1998. "Canarias y la Historia de la Ciencia", En AA.VV. *Ciencia y Cultura en Canarias,* Museo de la Ciencia y el Cosmos. Organismo Autónomo de Museos y Centros. Cabildo de Tenerife, 1998:12-14.

SANTANA SANTANA, A., ARCOS PEREIRA, T., ATOCHE PEÑA, P., MARTÍN CULEBRAS, J. (2002). *El conocimiento geográfico de la costa noroccidental de África en Plinio: la posición de las Canarias,* Ed. Georg Olms Verlag Hildesheim, Zürich, New York.

SANTOS GUERRA, A. (2024). "Plinio y las férulas de Juba II", *Meridiano Cero,* Número 3, pp. 63-73.

SCHMITT, P. (1968). “Connaissance des Îles Canaries dans l’Antiquité”, *Latomus*, XXVII, 1968: 375.

SCHULTEN, (1946). “Las Islas de los Bienaventurados”, *Ampurias*, 7-8: 5-22.

SEGRE, M. (1927). “Le cognizioni di Giuba Mauritano sulle Isole Fortunate”, *Rivista geografica italiana*, 34, 72-80.

SERRA RÁFOLS, E. y CIORANESCU, A. (1959). *Le Canarien.* Crónicas francesas de la Conquista de Canarias publicadas a base de los manuscritos con traducción y notas históricas. *Fontes Rerum Canarium VIII.*

SIRAJ, A. (1959). “L´image de la Tingitane. L´historiographie arabe médiévale et L´antiquité nord-africaine”. *École Française de Rome, Rome*, 1995: 204-205.

SUÁREZ FERNÁNDEZ, *L.*, (1964). “Los Trastamara de Castilla y Aragón en el siglo XV” en *Historia de España (dirigida por Menéndez Pidal)*, (vol.XV), Madrid.

SYME, R. (1979). “Tacfarinas, the Musulamii and Thubursicu” en *Roman Papers* (ed. E. Badian), Oxford, pp. 218-230.

TARRADELL, M. (1955). “El yacimiento púnico y romano de Mogador”, *AEA*, 28, 187-188. (*Archivo Español de Arqueología).*

TEJERA GASPAR, A. (2001). “¿Qué es la *insula capraria* de Plinio?”, *Faventia*, 23/2, pp. 43-49.

—- (2004). “Los dragos de Cádiz y la *falsa púrpura* de los fenicios”. En GONZÁLEZ BLANCO, A., MATILLA SÉIQUER, G. y A. EGE.

—- (2019). “Un viaje a las *Fortunatae Insulae.*» http://doi.org/10.31939/bierehite/2019.02. Revista on line *BIEREHITE* 2019 | N° 2 | pp. 23!33, Museo de la Historia de Tenerife.

—- (2021). “Sobre las *Fortunatae Insulae* de Plinio el Viejo.” *Revista Fortunatae*, Universidad de La Laguna, 34, pp. 205-213.

—- (2023). “Las Afortunadas de Plinio el Viejo: un documento histórico que se creyó leyenda”. *Bloc de las Islas Canarias*, n° 23, pp. 13. 2023: 5-18.

—- (2024). “El periplo de Juba II de Mauritania a las islas afortunadas–Canarias”. Estudios sobre el África Romana III (Archaeopress 2024): 29–37. Archaeopress Publishing Ltd, Summertown Pavilion, 18-24.|

TEJERA GASPAR, Antonio; CHÁVEZ ÁLVAREZ, María Esther (2009). “El periplo de Hanón y las Islas Canarias”. *Estudios de Prehistoria y Arqueología en homenaje a Pilar Acosta Martínez* / coord. por Rosario Cruz-Auñón Briones, Eduardo Ferrer Albelda, 2009, págs. 395-406.

TEJERA GASPAR, A., CHÁVEZ ÁLVAREZ, Mª E. MONTESDEOCA, M. (2006). *Canarias y el África antigua*, Ed. Centro de la Cultura Popular Canaria, Santa Cruz de Tenerife.

THATCHER, J. B. (1903). *Christopher Colombus: His life, His Work, is Remains*, Nueva York, 1903.

THOUVENOT, R. (1954). “Recherches Archéologiques a Mogador”, *Hespéris*, 11:. 463-467.

TORRIANI, L. [1592], (1978). *Descripción e Historia del Reino de las Islas Canarias antes Afortunadas, con el parecer de sus fortificaciones.* Traducción, introducción y notas de Alejandro Cioranescu, Goya ediciones, Santa Cruz de Tenerife.

TREIDLER, H. en RE, XXIII, 2 (1959), cols. 2020-2028, s.v. *Purpurariae Insulae.*

TYLER, F. (2000). *Historia de la navegación a vela.* Iberlibro, Barcelona.

VERNEAU, R. ([1891]/1981). Cinco años de estancia en las Islas Canarias, Ed. Ed. J.A.D.L.

VIDAL DE LA BLACHE, P. (1902). "Les Purpurariae du Roy Juba", *Mélanges Perrot,* Paris, 1902, pp. 325-329.

VIERA Y CLAVIJO, J. ([1776]/1982). *Noticias de la Historia General de las Islas Canarias,* t. I, Santa Cruz de Tenerife. Goya Ediciones. Alejandro Cioranescu (ed.)

VIERA Y CLAVIJO, J. [(1772)/2016]. *Historia de Canarias.* Viera y Clavijo, Obras completas, Rafael Padrón, (dir). Edición, introducción y notas de Manuel de Paz Sánchez, 4 vol. Ed. Idea, Santa Cruz de Tenerife.

VITRUVIO, [2002]. *Los diez libros de Arquitectura.* Alianza Forma.

WÖLFEL, D.J. (1940). *Die Kanarischen Inseln und ihre Urbewohner,* 55., Burfried Verlag/Hallein.